JN109482

お笑い芸人リッチドッグの事故物件日記

ぼくらの同居人は幽霊さん

リッチドッグ
宮本裕平・山中陽裕

ぼくらはお笑い芸人の
リッチドッグと申します。
この本は
ぼくらが YouTube の動画製作中に
偶然遭遇した
不思議な出来事を
記録したものです。
信じるも信じないもあなた次第。

ぼくらは、ある夜、幽霊さんが子どものオモチャの
声マネ人形を使って話ができることを偶然発見しました。
左の人形がその声マネ人形です。
右のうさぎの人形は、同居する幽霊さんのひとり、
せっちゃんが移動の時の目印にするもの。
真ん中のアレクサは、もうひとりの幽霊さんとの
コミュニケーションに導入したものです。

YouTube　リッチドッグ channel
https://www.youtube.com/@richdog1st

CONTENTS

第1章
せっちゃんとつーちゃん

芸人への夢

宮本裕平です。

１９８８年３月７日に兵庫県で生まれました。

芸人になりたいと思ったのは中学１年の時。テレビで爆笑問題さんを見てショックを受けたのがきっかけでした。

憧れめいたものも感じた爆笑問題さんのことを仲のよかった友だちに話したところ、彼も同じように面白いと思っていたと言います。そこで二人で爆笑問題さんの真似のようなことを始めました。やがて「オレたち、お笑いコンビみたいだね。将来、二人で芸人になれたらいいな」という夢を漠然と持つようになったのでした。

とはいえ、まだ中学生ですから、卒業とともにお互いが別々の道へと進むと、「二人で芸人になる」夢は自然消滅。ところが、僕の心の中では、この一度火がついた芸人への憧れは消えるどころか、大きくなるばかりでした。そしてこの夢だけが僕の支えになるような辛い高校生活が始まるのです。

一言で表すなら、僕の高校生活は「暗闇」そのもののようでした。何があったか話したくない……と言うより、辛い経験がいろいろありすぎて覚えていないような感覚です。

家もまた当時の僕にとっては安心安全な心のシェルターとは言えませんでした。

いろいろなことが原因となってストレスが体をむしばみ、やがて胃潰瘍の症状が出た時も薬を飲みながら登校を続け、ついには心療内科に通うまでに悪化してしまいました。

とにもかくにも、思い出したくないことばかり――それが僕の高校生活です。

そんな中での唯一の支えが「お笑い」でした。

どんなに辛く、ひとりぼっちの時も、「芸人になって売れるぞ、そしたらきっとこんな生活も笑い話になるんだ」、そんな想いだけが僕を支えました。

当然、友達や話し相手もいなかったので、お笑いの勉強に没頭し、ネタを書く時間だけが心の休まる時間でした。

12歳で芸人になりたいと思ったその日から、僕は大学ノートに毎日ネタを書き続けてきました。びっしりと細かい字で、1週間で10ページは書いていました。

芸人になるという夢が自分にとっての唯一の支えであり、一種のアイデンティティのようなものだったのです。真っ暗闇だった高校生活も、この大学ノート何冊ものネタ帳と夢があったからこそ歩き続けることができましたし、卒業して一刻も早く芸人としてデビューするんだという思いは強くなる一方でした。

学校にも家にも居場所がなかった僕は、本屋でよく立ち読みをしていました。そこで出会ったさまざまな言葉が僕の宝ものになっています。辛い時期だからこそ、ものごとをつきつめて考えることもできたし、言葉一つ一つに深い意味を感じられるようにもなりました。その点では、暗い高校生活も無駄ではありませんでしたし、結果的にメンタルが強くなったと僕は感じています。

高校を卒業した僕が、親の反対を押し切ってまずしたことは、漫才協会に修業させてくださいと頼み込むことでした。高校3年の間にいろいろな芸人さんのことを勉強しましたが、中でも影響を受け、大好きだったのがビートたけしさんでした。たけしさんはどうやってデビューしたのかを調べたところ、浅草フランス座での芸人見習いからスタートしたことを知り、僕も浅草から芸人になる道を歩み始めたいと思ったのでした。

とはいえ、漫才協会に行ったはいいのですが、住み込みで修業させてくださいとお願いしたところ、僕が未成年で、しかも親の許可ももらっていないということで、門前払いを食らってしまいました。

どんなことがあっても家にはいたくなかった僕は、家を飛び出す準備を始め、アパートを見つけると、さっさと引っ越してしまいます。東京暮らしを始めた僕は、アルバイトをしながら、いろいろな劇場を回っては、僕とコンビを組んでくれそうな芸人を目指す若者を探して回りました。この時、僕は18歳でした。

半年後、出会った芸人志望の若者とコンビを組むことになり、彼とはネタの練習も順調にいって、何度かライブにも呼ばれるようになりました。ところが、数カ月が過ぎたころに、その相方の身内に不幸があり、それがきっかけとなって連絡もつかなくなり、このコンビは自然消滅となってしまいました。

それからまた新しい相方を探し始め、見つかったと思ったら結局うまくいかず、また違う相方を探し始めるということの繰り返し。山中と初めて出会ったのは、そんな時。19か20歳の頃でした。

挫折と父の死とSMAP

山中陽裕です。相方の一つ年上の、１９８７年12月21日生まれです。三重県の伊賀市出身です。

芸人になりたいと思うようになったのは、高校卒業後のことで、それまでは教師になりたいと思っていたんです。

僕が入った高校は全寮制で、とても厳しいところでした。200人ほどの全生徒が、一部屋20人ずつに分かれて生活するのですが、3年生の時、僕はその寮の寮長に選ばれたんです。普通の高校で言えば、生徒会長のようなポジションです。みんな思春期でいろんなドロドロを心の中に抱えています。そんな仲間たちとケンカしたり、助けあったりしながら、寮長として高校生活を続けるうちに、人と触れあう喜びや楽しさを味わうことができたんです。こんな充実した気持ちが味わえるなら、将来、教師という仕事につくのもよいかもしれないと、この時、思うようになりました。自分が悩んだり苦しんだりした高校生活の体験も、子どもたちのために役立てられるかもしれない。そう思ったんです。

今まで宮本に一度も言ったことがなく、今回初めて言うのですが、僕は大学に入学していました。でも、そんな高校生の時に抱いていた夢も、大学に入ってたった1年であきらめてしまいました。大学を中退してしまったんです（当時、このことは誰にも言えないほど心が荒《すさ》んでいました）。

僕は小学校の時から、ずっと野球をしてきました。高校ではキャッチャーとして活躍していました。弱いチームでしたが、野球は生涯自分が続けていくものだと思い込んでいました。だから、教師になったあかつきには、野球部の監督としても頑張ろうと心に決めていました。ですから、大学でも野球を続けようと、入学してすぐに硬式野球部に入部したのです。ところが、実はそこがものすごい強豪だったんです。まわりのレベルの高さに驚き、必死についていきましたが、その環境に僕はまったく適応することができませんでした。野球部を退部した僕は挫折感につきまとわれ、ついに大学そのものもやめてしまったんです。1年生の夏でした。

今思えば、理想と現実のギャップに追いついていけなかったというのが原因かもしれません。一生懸命やっていれば必ず自分が望んだ道に進めるんだという、高校で寮長をしていた時の理想家的な気分が抜けていなかったんです。野球部という組織の中でシビアな現実にぶち当たり、自分の夢見がちな甘さというものに気づき、どうしていいかわからなくなった。それで自分の目標を見失ってしまったんだと思います。

野球部はやめても、大学の勉強だけは続け、教職だけでも取っておけばよかったと、いまも時々夢に見るほど後悔しています。心が弱かったんです、僕は。

両親はもちろんがっかりしました。

もともと全寮制の高校にしたのも、中学まで少し心の病を抱えて周囲になじむことができなかった自分を変えたくて、親にお願いして入れてもらったんです。だから高校で頑張ったその結果として大学に入ったことに、両親ものすごく喜んでくれました。実はその頃の家には経済的余裕がなく、無理をして入れてもらった大学でした。だから、親の落胆はとっても大きかったはずです。

大学をやめることに一番反対していたのが父だったんですが、僕の大学中退から間を置かず、その父が亡くなってしまいました。ガンでした。母親は知らされていたのかもしれませんが、僕は父がそんな病気と闘っているとはまったく知りませんでした。だから、僕にとっては父の死はあまりに突然のことだったんです。この父の死は、僕の心の中にポッカリと穴を開けてしまったかのようでした。

そんな時、目の前に見えた小さな明かりのようなもの、それが「芸人になる」ということでした。

小さい頃から僕は周囲とおしゃべりができない子どもで、そのせいで同級生たちともなじめず、距離を感じていました。そんな辛い経験を忘れさせてくれ、元気をもらったのが、SMAPでした。SMAPの歌を聞くと、僕は元気になれた。大好きなSMAPの歌声に何度救われたことかわからないほどなんです。

挫折のどん底で、ふと、SMAPのことを思ったんです。人前に出て、人を元気づける仕事をしてみたいと。芸人というより、芸能界といったほうがよいのかもしれませんが、とにかく、漠然とそういう人前に出る仕事をしてみたいと思ったんです。

大学をやめて故郷に戻っていた僕はパチンコ屋さんでアルバイトをしていたのですが、そこで出会った人たちはとてもよい方たちで、おかげで僕もだいぶ元気になることができました。ただ、そこでパチンコを覚えてしまったのですが……。

アルバイトをやめ、貯めたお金を手に上京したのが、大学中退の翌年でした。もう一度大学に入り直そうかという気持ちも少しはありましたが、具体的な目的もあるわけでなく、とにかく東京に行けばなんとかなるんじゃないか、芸人への道にも近づくかもしれないしと。

東京ではバイトをしながら、芸人志望の若者たちが相方を探して集まる会に顔を出すということをしていました。そこで出会ったのが宮本でした。

リッチドッグ結成

山中と初めて会ったのは、芸人の相方を探している人ばかりが集まる飲み会のような場でした。確か、上野の居酒屋だったかもしれません。相方を探す芸人同士のネットワークのようなものがあるのですね。そんなつながりから山中を紹介してもらったのです。

第一印象は、目立たない、何かしら影が薄い田舎者……。僕は相手がどんな人間かというよりも、まず一度ネタを合わせて仮のコンビでライブに出てみたい、その上で相方としてふさわしいかどうか決めたいと思っていました。そこで、お試しで2人でライブに出てみようと山中に伝え、仮のコンビを結成しました。それまでの僕は、コンビのバランスが5：5の、二人どちらも目立つコンビを目指していて、そういう相方を探していました。ところが山中とやってみると、滑舌も悪くてはっきり聞こえないし、アドリブもぜんぜんできない。じゃオレがやるという感じで変えていったら、結局、僕と山中のしゃべる量が8：2、あるいは9：1と、僕のほうがどんどん増えていきました。すると意外なことに、そうなればなるほど観客にウケていったのです。そうか、こういうほうが自分には合っていたのかもしれない。そんなふうに思ったのです。それが20、21歳のころでした。

コンビ名は、コンビを組んで3日後ぐらいにライブに出なければいけなかったので、かなり適当に決めた覚えがあります。僕が矢沢永吉さんが大好きだったので、矢沢永吉の「キチ」を取り、山中はSMAPが大好きだったのでそこから「スマ」を取ってきて、「スマキチ」としました。

先に書いたように、僕と山中のしゃべりのバランスが崩れていけばいくほど評価が上がっていき、ライブの出番も増え、コンビを組んでから1年ほどたった頃に太田プロさんにスカウトされました。その時が最初のピークだったと思います。

太田プロさんは僕の大好きな爆笑問題さんやビートたけしさんも所属していた事務所で、中学からの夢が叶った、高校での苦労が報われたと本当に嬉しかったのを覚えています。

太田プロさんには若いわりにはしっかりしていると評価してもらいましたが、ある日、作家さんから僕だけ呼び出されてこんなアドバイスをされました。山中の滑舌が悪く、声も出ていない、そこを直さないとダメだと。

ライブの後の反省会で、僕はそのことを山中に伝え、直してくれるように頼むのですが、わかったと言うだけで、ちっとも直してくれない。その後も、直せ、わかった、直せ、わかったの連続で、結局、少しも改善されなかったのです。そのうち、太田プロさんから僕だけ呼ばれて、また同じことを言われました。さらに、相方を変えたらもっと売れるよとまで……。僕は相方を変えるつもりはなかったので、とにかく山中に滑舌と発声を直せと言い続けました。そのうち、業を煮やしたのか、太田プロさんは僕らをクビにしてしまいました。

その時の僕はもう22歳ぐらいだったと思うのですが、僕らが出した結論は、コンビを解散して、それぞれＮＳＣ東京校という養成所に入り、勉強をし直そうということでした。

ところが、NSCに入っても、山中は養成所にはやって来ず、いつしか行方不明に。僕はまた相方探しという振り出しに戻ってしまいました。

その1年後でした。どこにいるのかもわからなかった山中から突然連絡がありました。会ってみたら、なんと、滑舌が直っていたのです。この1年の間に、自分のダメだったところを見つめなおし、山中なりに練習を積んだらしかったのです。

山中とは何よりも一番大切なフィーリングが合いました。一方で、自分も山中を活かしきれていなかったのではないかという反省もありました。

そしてコンビを再結成。僕は23歳になっていました。

大きい事務所に入って縛られるよりは、伸び伸びやれたほうがいいんじゃないかと思った僕らは、あえて小さな事務所に所属して活動を続けました。

僕も宮本も、アルバイトをしながらの活動でした。僕はバーテンダーもしましたし、倉庫の作業員もしました。そんなふうに、いろいろな仕事をするうちに、配送車のドライバーが一番向いていることに気づきました。アルバイト中もネタのことをいろいろ考えることができるからです。というわけで、配送車のドライバーと、コンビニの店員、この二つをずっとメインに今までアルバイトを続けてきました。

新しいメディアに挑戦するんだ

活動を続けるうちに、小さな事務所の限界を感じることとなりました。やはり事務所の規模が小さいと、テレビなどのメジャーな舞台には出ることはとても難しいのです。また、僕らの芸に対して厳しいアドバイスをしてくれる人間の存在の必要性も感じていました。そこで、僕らはソニー・ミュージックアーティスツに所属することにしました。当時のソニーは門戸が広く、常にオーディションをしていて、僕らでも入りやすい環境だったのです。一方で、厳しさもありましたので、なんとか二人して食らいつき、クビにならないようにと頑張っていきました。

とはいえ、仕事の量が劇的に増えることはありませんでした。でも、ここで山中の隠れた才能が大活躍するのです。山中は飲食店や温泉などでアルバイトをしていましたが、そこで知り合ったお客さんで、イベントやお祭りなどに関係した職業の人を見つけると、言葉巧みにリッチドッグを売り込むのです。そして、こんど地域のお祭りがあるから来てくれとか、こんなイベントがあるから漫才をしてくれというふうに、結果的にさまざまな仕事を山中が持ってきてくれたのです。

そんな生活が続いていた時に、コロナ禍がやって来ました。お笑いの仕事だけでなく、バイトも半分に減りました。もうダメかなとあきらめかけたその時、思い出したのが、高校の時に読んだビートたけしさんの本の一節でした。たけしさんは、こんなことを書いていました。

芸人の売れ方というのはテレビの影響力と比例している。だからテレビ全体の視聴率が上がっている時は芸人も同じくらい大物が出るが、テレビの視聴率が落ちていけば芸人も小物しか出てこなくなる。だから、もしもこれから大物の芸人として売れたいのだったら、テレビを目指すんじゃなくて、これから右肩上がりに成長していくメディアに乗っかれと。

この言葉が僕はなぜか頭に残っていて、この時、今さらながらに、たけしさんの言っていることは正しかったと感じたのです。もしかして、僕らが進もうとしている道は間違っているのかもしれない。今はテレビに出ている芸人も飯を食っていけていないのが普通です。だとしたら、右肩上がりの一番勢いのあるメディアってなんだろう？　そうか、インターネットだ。YouTubeだ。僕はそう確信したのです。

その前から少しずつ始めていたYouTubeに、僕らはコロナ禍をキッカケに全振りしていくことにしました。

最初は普通に漫才をYouTubeにあげていきましたが、次第に、曜日ごとにテーマを決めてフリートークをしたり、まるで自分たちのテレビ局のようにして好きな感じにやっていくように変わっていきました。

始めたばかりの頃は、登録者数も１００人ぐらいで、再生数も30回とか。大きなヒット動画も生まれましたが、やはり平均の視聴数は１００回前後。５００回も行けば狂喜乱舞するといった状態でした。

２０２１年の夏の少し前のことでした。YouTubeの視聴数はあいかわらず伸びず、YouTubeから生活できるだけの収入を得るのはいまだ夢物語の段階でした。僕らは東京脱出を決めます。YouTubeに全振りをするのなら東京にいる必要はありません。東京から離れたどこかの町で思いっきり安い家賃で暮らしながら、YouTubeに全力を注ごうと考えたのです。ちょうど、山中が金銭問題を抱えてもいましたし。

絶望

宮本とスマキチというコンビを組んで初めての舞台は、本当に緊張しました。これまで数多くの舞台に出てきましたが、いまだにあの時のことは忘れません。しゃべっ

ているようで、しゃべっていないような、あのおかしな感覚はきのうのことのように思い出します。

僕が足を引っ張る形でコンビがうまく行かなくなり、一度解散してから二人で吉本の養成所に入るのですが、僕はなぜか養成所に足が向かず、そうして1年ほど、宮本とは文字通り離ればなれになってしまったんです。

再結成しようと宮本に連絡したのは僕からです。そのことはとてもよく覚えています。

宮本から離れていた1年のあいだ、実は僕は僕なりにひとりで芸人を続けていたんです。小さな劇団に入って、発声や演技の勉強をさせてもらいながら、ひとりでお笑いをやっていました。やがて、その劇団の人とコンビを組もうという話になり、僕がネタを書いて舞台に立つことになりました。その時、ふと宮本に一言連絡をしておかなければと思ったんです。一緒に養成所に通おうと話したのに、僕は約束を守らず、連絡も取らなかった。でも、いや、だからこそ、宮本に「オレはまた舞台に立とうと思っている」と伝えないといけないと思ったのです。そこには訣別の意味もありました。オレは新しいスタートを切った。お互い、どこかのライブで鉢合わせして、勝負できたらいいな。そんな気持ちだったのです。そして宮本にメールをしました。期待していませんでしたが、宮本から「久しぶりだな」という返事がありました。嬉しかったです。

その後、コンビを組んだ劇団の人とは連絡が取れなくなり、コンビは解散となりました。再びひとりになった僕は、宮本とメールのやり取りを始めるようになりました。ある時、相方を探す会を主催するからお前も来いという連絡があり、出かけていった僕は1年ぶりに宮本と再会しました。そしてそのままコンビを再結成することになったのです。

嬉しいというより、自然な流れという感じでした。それまで再結成のことなどまったく頭にありませんでした。ただ久しぶりに宮本に会いたいという気持ちだけでした。その会には30人ほどの参加者がいたのですが、会の間、ずっと宮本とばかり話していました。

再結成後は、小さな事務所、そしてソニーと事務所を変え、地道に活動を続けましたが、僕がギャンブル好きなせいもあり、借金などの問題を抱えていて、それがいつも僕を苦しめていました。

コロナが始まった2020年ごろにはアルバイトも減り、経済的にいっぱいいっぱいでした。お金のことを考えると絶望的な気分になり、町を歩いている時も、走るトラックの前に飛び出して死んじゃったら、すべては楽になるなあと、ボンヤリ考えることもありました。それほど苦しかったんです。

お笑い芸人としてもなかなか芽が出てこない。年齢ももう30歳台だし、芸人として活動するのはもうやめたほうがいいのではないかと何度も思いました。もう一度、大学に入り直して教師を目指そうかと考えたこともあります。

それでも宮本の言うように、もう少しYouTubeで頑張ってみようと思い直し、経済的な面を少しでも安定させようと、できるだけ安い家賃のアパートに引っ越すことを決めました。そうすればアルバイトの数も減らすことができ、YouTubeに費やす時間をもっと増やすことができるだろうとも思ったのです。

そうやって見つけたのが、あの、今のアパートです。2021年の夏のことでした。

押し入れの中の気味が悪いお札

山中が最初に内見した時は時間が夜だったせいか「おばけ屋敷みたいに不気味だぞ」と僕には言っていたのですが、僕が初めて見たのは引っ越し当日で時間も昼間でしたから、そこまでは思いませんでした。でも、確かにホラー映画をここで撮るためにつくったような建物ではありました。ごく普通の住宅地の中にある、小さな鉄筋コンクリートのマンションなのですが、築60年だという古くてボロボロの汚い外観をしていました。山中が不気味だ、

不気味だとしきりに言っていましたので、その先入観があったせいかもしれませんが、建物の中に入ると、意外ときれいだなあと逆にびっくりしました。ただ、甘ったるいというか、独特な匂いが漂っていました。

引っ越し作業は、二人で所有している小さなクルマを使って、二人だけでしました。

山中が借りた部屋に荷物を運び入れている時に、何かしらザワザワと声のようなものが聞こえてきました。隣の部屋のテレビの音かなと思ったのですが、山中の部屋の両隣も、そして上の階にも誰も住んではいなかったのです。この建物自体、ワケありの人だけが住んでいるようなところで、多くの部屋が空いたままになっていました。今思えば、あれは誰の声だったのでしょうか。

部屋に入ると、その瞬間、やはりあの甘ったるい匂いがツーンとしてきました。部屋の壁や柱なども ペンキが新しく塗られ、床も新しいフローリングになっていましたので、最初はペンキの匂いかなと思ったのですが、そういう類の匂いではなく、何かしら、消毒されたトイレの中の匂いというか、甘い匂いだけど、ちょっと気分の悪くなりそうな匂いでした。ちなみに現在でも部屋からその匂いは消えていません。

山中は家賃の安さばかりに気を取られていたのか、部屋の状態をあまりチェックしていなかったようで、アレがないとか、ココがおかしいとか、引っ越し作業中にいろいろ文句を言っていました。確かに、洗面台で使った水がパイプをつたってお風呂場の床に流れ出すようなおかしな仕組みになっていたり、そのお風呂自体も小さくてボロかったり、部屋に電気がついていなかったり……。一番驚いたのは、押し入れを開けた時に、黒カビがびっしりと生えていたことでした。実際、山中の部屋だけでなく、建物の中が全体的に湿度が高くてジメジメしていたのです。

引っ越しがすんでから数日後、山中から「見てほしいものがあるんで来てほしい。お札っぽいものがある。大丈夫かなあ」というＬＩＮＥがありました。翌日、僕もすでに関東近郊の町に越していたので、そこからクルマで片道2時間かけて相方の「新居」に駆けつけました。すると山中が言うように、あの黒カビでいっぱいだった押し入れの襖の裏に確かにお札が貼ってあったのです。それは古びたお札で、周囲が焦げたように変色していました。「今さら別の家に引っ越すお金もない。それならこのお札も動画にして少しでも引っ越し代に」と思い、動画にしようと相方に相談しました。山中は性格的に怖がりなのですが、YouTubeのネタになるならいいかと、その時はそこまでビビリはしませんでした。

動画の中では、「いろんなユーチューバーが心霊スポット探し回っているのに、お前は自分の家が心霊スポットだぞ」とボケてみましたが、とはいえ、やはりいい感じはしませんでした。

すぐに「大島てる」サイトで調べてみたところ、炎マークがしっかりと表示されていました。これは事件があった事故物件というよりは心理的瑕疵《かし》物件、つまり住んでいた人が怖い体験をしたという申告があったから付けられたもののようで、その1カ月後ぐらいにサイトを見た時には炎マークは無くなっていました。いずれにしても、なんらかの事故物件であるということは確かなようでした。公開した動画には「登録者数1万人を超えたら引っ越し」という目標をかかげましたが、正直なところ、たとえネタになったとしても、いわくつきの部屋に山中を住まわせたくない、早めに引っ越しさせたいと思いました。頑張って、二人して早くここを抜け出そうぜと。

どこから見てもヤバイ感じのアパート

この物件はネットで探したのですが、その時の条件はなんといっても家賃が安くて、審査もゆるいこと、それだけでした。すると格安の家賃で、敷金などの初期費用もかからない物件が見つかったんです。風呂付きでこの安さというのは、ワケありの物件かなとも思いましたが、家賃の安さと、引っ越したいの一心で、内見もしないで即決しました。言いか

えれば、僕の条件に合う物件というのは、ここ以外になかったんです。

物件を実際に見たのは、ネットを通じたやり取りで契約がすんだ直後で、自分の住むところを一度見ておかなければと、ひとりでスマホのナビを頼りに向かいました。スマホが指し示す目的地へと歩いていくと、そこだけ雰囲気がひときわ奇妙で浮いている小さな鉄筋コンクリートのアパートが見えてきました。古くてオンボロで、どんよりとして、何かしら「ヤバイ感じ」がします。もしも、あそこだったら絶対イヤだなあ……と思いながらスマホの画面を見ると、まさしく、そこ、だったのです……。

でも、もう契約はすませてしまいましたし、こんなに安い家賃のところは他に無いのは確かですから、ここに住む以外の選択肢はありません。

引っ越しはそれから二、三日後だったと思います。宮本の運転するクルマを使って2回で荷物は運びきりました。その日から、布団を敷いて寝ました。

その夜は特におかしなこともなくぐっすり眠れましたし、その頃はまだ毎日がバイトでしたので、起きたらすぐに出かけてしまい、不気味だとかそんなことを気にかけるヒマもありませんでした。

引っ越しから1週間が過ぎたころでした。まとまった時間ができたので、引っ越し荷物の整理を始めました。押し入れを開けて荷物をしまおうとしたその時に、ふと見つけてしまったんです、あのお札を。ここで何か恐ろしい事件が起きたんだろうか。だとしたら最悪や……。そう思いました。すぐに宮本に連絡しました。

翌日、宮本がやって来て、すぐに動画を回しました。そのころはまだお札を見つけただけで、実害があるわけでもなかったので、YouTubeのネタになるなら、まあ、いいかぐらいの気持ちでした。

定点撮影はその夜から始めました。

数日後、動画に、ゴーゴーとかドンドンとかダンダンとか、そういった物音が入っていることに気づいたんです。室内ですから風が吹き込んでくるわけでもなく、いったい音の元は何なのだろうかと不気味でした。

僕は根が怖がりなのですが、夜はバイトで部屋にいませんでしたので、その分、恐怖に直面しなくてすんだというか、その怖さから逃げていたという面もありました。昼は明るいし、それに近所で工事もしていたので、謎の音が聞こえることもなく、怖さを感じることはありませんでした。ただ、やはり夜ひとりで部屋にいたくはなく、夜に定点撮影していたこともあり、なるべく夜はバイトで外にいるようにしていたんです。

動画に映った謎の影

山中の部屋に定点撮影のカメラを置いた時は、長時間回して一瞬でも何かが映ればもうけもので、1本の動画になれば十分という思いがありました。僕も山中も心霊ものには興味がなかったので、そういう動画はほとんど見たことがありませんでしたから、定点撮影というやり方はどこかのテレビ番組で見たことがあるのを真似たのです。

撮影している部屋には電気がついていません。もともと電気がなかったのですが、お金が無いということで山中が新しく電灯をつけることもしなかったのです。キッチンのほうの電気はつくのですが、そうすると明るくなりすぎる。そこで玄関の明かりだけにしてみたところ、ちょうどよい明るさになることがわかりました。この「照明」のしかたはずっと変わりません。

今もそうですが、撮影は山中のアンドロイドのスマホを使っています。撮影した動画のデータは二人で共有し、ひとりで見ることもあれば時間があれば二人で見ることも。その頃は、バイトから帰ると二人とも疲れ果てていましたので、元気が残っていればその日のうちに映像は見ますが、気力も残っていない時には翌日になってからチェックするという具合でした。

このころは編集は山中がスマホで編集アプリを使って行い、どんなテロップを入れるかなどは、主に僕が考えていました。そして夕方5時の公開を目標に作業をするのです。

1週間ほど続けた最初の定点カメラでは、ゴーっという音や、コンコンという音が時おり録音されているぐらいで、決定的に恐ろしいものは何も撮れませんでした。その後も、部屋を真っ暗にして写真を撮ってみたり、不動産屋が教えなかった謎の押し入れを探検したりしましたが、もちろんお化けが映るわけもなく、お札発見から1カ月ほどは事故物件とはいえ、どちらかというとお気楽な動画を数日に一度の割合で公開していました。

そんな8月のある日のこと、視聴者さんから定点カメラの映像の中に襖が動いているのが映っているという指摘があったのです。調べてみたところ、確かに数センチほど襖がひとりでに開いているように見えるシーンがありました。この場面はノーカットで公開しましたが、果たしてこれが霊現象なのか、それとも何らかの理由があって偶然に起こった物理現象だったのか、僕らにもわかりませんでした。それでも映像の中に残っていた声のようなものを聞くにつれ、ああ、目に見えない何かがきっといるんだなあということは、うすうすと僕は感じるようになっていました。

その数日後でした。共有した映像データを見ていたら、何かが動いたのです。よく見れば、押し入れの横の壁に何かの影が映り、動いていたのです。山中がバイトで出かけた後の部屋に誰かがいるはずもなく、また山中の部屋の間取りを知っている僕には、そこに影をつくるモノが存在していないことも知っていました。僕が初めて心底から恐怖を感じた瞬間でした。間違いない。何かがいる。山中の部屋には理屈では説明できない何かがいる。

急いで山中にＬＩＮＥすると、相方からは、いま自分も気づいたという返事が来ました。気持ち悪い、気持ち悪い、という怯えているような文字も。

なぜ押し入れから水がしみ出す？

さすがに影はあり得ないと思いました。音ならまだしも何かの偶然とか家鳴りとか、そういう可能性もありますが、影についてはそれはないと。ですから、純粋に、ただひたすら気持ちが悪かった。本当に、吐き気がするほどに気持ちが悪かったんです。

映像に変な音や声のようなものが入っていたり、襖が少し開いたりしていても、それまでは霊現象かどうか半信半疑でしたし、その程度の異変だったらYouTubeのネタになるからいいか、というぐらいの気持ちでした。宮本がひとりで留守番するという動画でも、女の人の暗くてねっとりとした笑い声のようなものが入っていて、宮本もしきりに不気味がっていました。でも、動く影となると、レベルが違いました。自分の部屋を見る目がすっかり変わってしまったといえばいいのか、それまでとはまったく別の空間に思えてきてしまったんです。できることなら、この部屋には帰りたくない。そんな感覚にとらわれてしまいました。

　とはいっても、この時点で僕がこの部屋を出てしまったら、YouTubeをしている意味がなくなる、すべてが無駄になると思ったんです。これまでずっと不遇の時代を過ごしてきたのですが、ここにきて、本当にありがたいことに、少しずつYouTubeの再生回数が上がってきていました。そんな時に僕が「もう無理、やめた」とこの家を出て行ったら、相方の人生も壊してしまうことになる。それはできない。そんなふうに思ったんです。でも、YouTubeの中ではあまり言いませんでしたが、僕個人の思いとしては、この部屋に暮らすのが本当にイヤでたまらず、すぐにでも引っ越したかったんです。

　僕が途中でギブアップしなかったのは、定点カメラでの撮影だったのもよかったんだと思います。夜はバイトでしたから、不可思議な現象が起こる時間には部屋にいなくてすみました。昼はカーテンを全開にして部屋中をものすごく明るくして編集などの作業をしていましたし、その明るい中で寝たりしていました。

　そのあとも、影はしょっちゅう映像の中に映っていましたし（しかも、二つ同時に映っていたことも!!）、メントスコーラの仕掛をしたらコーラが噴き出したこともありましたし、ドライヤーのスイッチが勝手に入ったり、電気が突然消えたり、音もいろんな音が入っていたり、不思議なことが連続して起きていました。中でも風船が割れただけでなく、押し入れから水が染み出てきた時には、あまりの恐怖に、僕は宮本の家に避難したほどでした。もはや身に危険を感じるほどだったんです。

恐怖が和らいできたのは、風船を使ってコミュニケーションが取れるようになってきた頃です。幽霊さんの人となりというか、何かしら幽霊さんの意思を感じるようになったことで、恐ろしさを少しずつ感じなくなっていったんです。と同時に、幽霊はいるんだと、その存在を確信するようになったんです。

勝手に割れる風船、記録される不気味な声

この頃から、視聴者さんからいろんなリクエストが届くようになりました。特に心霊ものが好きな視聴者さんからのアドバイスは、何も知らない僕らにはとても参考になりました。その中の一つに、風船を置いて撮影してほしいというものがありました。

9月ごろでしたが、「お化けにドッキリ」というテーマで、何か異変が起きたらクラッカーを鳴らしてお化けを逆に驚かそうという企画をしてみました。あまり期待していなかったので

すが、なんと、視聴者さんのリクエスト通りに置いていた風船が、誰も何もしていないのに僕らの目の前で勝手に割れてしまったのです。あわててクラッカーを鳴らしたのですが、当然、ドッキリしたのは僕らのほうでした。その夜以降、風船を置いた検証をたびたびするようになりました。

定点撮影で風船が何度か割れ、その直後に影が通り過ぎたり、人の声のような音が入っていることが続きました。声については僕らよりも視聴者さんのほうが先に気づいて教えてくれることが多かったのですが、いわゆる否定派という人たちの中には、この声は女性スタッフのものだろうと言う人も何人もいました。僕らからすれば、女の人が山中の部屋に誰ひとり来たことが無いのを知っているわけですから、そういうふうに言われることが、むしろ逆に恐ろしく感じたのでした。

やがて、僕は見えない存在が意図的に風船を割っているのではと考えるようになりました。なぜなら、その割れたあとの残骸が尋常ではないのです。普通、針を刺したりして割ったのであれば、割れた風船はおそらくその原型をほぼ残すのではないかと思います。少なくともバラバラの破片にはならないでしょう。ところが、この部屋でひとりでに割れた風船は、いったいどういう割り方をしたらこうなるのかと思うほど、粉々となり、たくさんの小さな破片になって飛び散っているのです。普通の物理的な力ではこんな割れ方はしません。とすれば、何か超自然的な力が働いているのではと思わずにいられなかったのです。

そうであるなら、風船を使ってその存在との、つまり幽霊とのコミュニケーションがはかれるんじゃないだろうかと考えました。答を書いた紙にそれぞれ風船を乗せ、その目に見えぬ存在に風船を割ることで返事をしてもらおうというわけです。

その頃は、「幽霊さん」という優しいイメージではなく、不気味で正体不明、もしかすると悪霊のようなものかもしれないと思っていましたので、果たしてちゃんと質問に答えてくれるのかどうかもわかりませんでしたし、むしろ、ほとんど期待していなかったというほうが近いかもしれません。ところが、結果はその正反対でした。

最初の質問は、「あなたは男ですか？　女ですか？」でした。夜の11時。誰もいない山中の部屋で、「女」と書かれた紙の上の風船が割れました。女の幽霊なのか……？

数日後、2回目の質問をしました。「あなたは死んでいますか？」。「はい」の上の風船が割れました。その後、影が動くのがカメラに捉えられていました。

それからまた数日後、3回目の質問は二つでした。「男ですか？　女ですか？」という最初と同じ質問をもう一度と、そして「何人いますか？」という質問です。答えは「女」、そして

「二人」でした。

僕はこの時、目に見えぬ存在が僕らの質問に確かに答えてくれているのだと確信しました。性別を聞いた質問に、最初と同じ、「女」という答えを出したからです。

死因をたずねる質問もしました。すると、「自殺」と「事故」の二つの風船が前後して割れました。どちらかの霊が自殺で亡くなり、そしてもう一方の霊が事故で亡くなったのでしょうか。

生まれた時代を聞いた夜には、「明治」と「昭和」の風船が割れました。

ここまで来ると、明治生まれの女性と、昭和生まれの女性の二人の霊がいるという、そのことを僕は事実として受け入れざるをえないと思いました。まだ名前がわからなかった僕らは二人を「明治さん」「昭和さん」と呼び始めました。

その後、風船を使ったたくさんの質問と答えのコミュニケーションから、この女性二人の霊のことがより詳しくわかってきました。この質問を考えるにあたっては、視聴者さんからのコメントが大いに参考になりました。霊は二人いるのではないかということは、質問を始める前からすでにコメント欄に書き込んでいる方がいましたし、無邪気な現象も起きているから子どもの霊ではないかと書いている人もいました。心霊ものにまったく疎かった僕らは、そういうコメントに助けられながら、霊への質問を少しずつ重ねていったのでした。

つまり――

この部屋で死にましたか？　「いいえ」

この部屋で寝泊まりしている山中のことをどう思う？　「好き」と「嫌い」の二つの風船が割れ、評価が分かれました。

この部屋によくいる二人の男を応援していますか？　「はい」――これは嬉しかったです。

お供えで一番欲しいものは？　「水」「飴」――もちろん、翌日すぐにこの二つをお供えしました。

押入れの中に定点カメラを置くのは？　「カメラが嫌」

あなたにとって押入れは？　「居場所」

成仏したいですか？　「まだあなたたちと遊びたい」

あなたたちの関係は？　「他人」

お互いをどう思っている？　「好き」「怖い」の二つの風船が割れました。いったいどういう霊の関係なのだろうと不思議でした。

年齢はいくつですか？　「昭和の40代」「明治でわからない」

……………

11月に入ったこの頃から、質問には明治さんと、昭和さんと別々に答えてもらう方式に変わっていきました。

幽霊さんたちと風船コミュニケーション

風船を割るのは疲れますか？　明治さん「たのしい」

風船はどうやって割っていますか？　明治さん「口、手、爪、念」、昭和さん「歯、手」

お札をどう感じますか？　明治さん「何も感じない」――お札には何の効き目もないのでしょうか……。

お昼は何をしていますか？　昭和さん「ここにいる」、明治さん「夜と変わらない」

なぜ夜中に現れることが多いんですか？　昭和さん「暗いから」、明治さん「人がいないから」

この建物に他の霊はいますか？　昭和さん「いない」

どうしてこの部屋にいるんですか？　明治さん「ここが好きだから」、昭和さん「わからない」

いつからこの部屋にいますか？　昭和さん「昔、少し昔」、明治さん「前の住人の頃」

……………

風船はまとめて100円ショップで買っておき、撮影のたびにコピー用紙に油性マジックで質問と答を書いて並べ、ふくらませた風船をガムテープで畳に貼り付けていきました。イラストが必要な時はスマホでフリーイラストを探して、コンビニでプリントアウトします。セッティングが終わると、録画ボタンを押したまま二人で外に出ていきます。山中がスクーターに乗ってそのままバイトに出かける時もあれば、二人一緒に公園やクルマの中でネタ合わせをするということもあります。その後、朝の3時から4時ごろになるのを待って部屋に戻ると、風船が割れている。そういう日々の繰り返しでした。

一度、透明プラスチックのケースの中に風船を入れて、こういう状態でも風船は割れるのかという実験をしてみましたが、僕らの目の前でちゃんと風船が割れましたから、もはや偶然やなんらかの自然現象が元になって割れているという考えはこの時点で完全に捨てました。

二人の霊は、間違いなく、意図を持って風船を割っているのです。

この頃からYouTubeの収益も少しずつ上がっていきました。僕らのYouTubeに否定的だった人たちも急に態度が変わってきたり、あるいは逆に「芸人がYouTubeなんかやりやがって!!」という反感を持つ人もいました。

僕はといえば、やっと親とまともに顔を合わせられるようになり、年が明けたお正月には、生まれて初めて両親にお年玉をあげました。

お正月には、年末に撮影しておいたとっておきの動画を公開しました。小麦粉を入れた風船を頭の上に置き、「どっちが嫌いですか？」と質問をし、風船が割れたら僕か山中のどちらかが小麦粉まみれになるというやつです。真っ白になったのは山中のほうでしたが、毎年大晦日もお正月もバイトをしていた僕たちは、久しぶりによいお正月を迎えることができました。

霊は確かにいるんだ……

もちろん、風船が割れたばかりのころは、まだまだ怖くはありましたが、やがて、今夜はどの答の風船が割れるんだろうかと、だんだんそんなふうに考えている自分がいたんです。

その反対に、毎日真夜中に風船がパーン、パーンと割れるわけなので、近所から苦情がくるんじゃないかと、むしろそちらのほうが怖くなりました。幸い、僕の部屋がある階には誰も住んでいませんでしたし、真上の階にも、真下の階にも住人はいませんでしたので、怒鳴り込まれるようなことはありませんでした。

そのころから僕の人生観というか、死生観というか、そういうものが大きく変化し始めたんです。

僕は「死イコール無」だと思っていました。死んだらその先は無であり、死後の世界も、霊魂も何もない。ずっとそう考えてきました。でも、風船が割れ始めた時から、そうじゃないんだと。人間は死後も何らかの形で存在しているんだ。霊魂というものは確かにあるんだ。そんなふうに考えるようになった、というよりも、そう考えなくちゃ筋が通らない出来事を体験してしまったのです。

僕は父を大学1年の時に亡くしましたが、せっかく入れてもらった大学を中退した直後だったので、ずっと後悔の気持ちを持ちながら生きてきました。親孝行も何もできず、むしろ父親を悩ませたまま死なせてしまった。そんな気持ちに苛《さいな》まれ続けていました。

でも、もしも死後に霊魂が存在するなら。亡くなった父はいまも僕のことを見てくれているのではないだろうか、そして父への僕の思いも届けられるのではないだろうか、そんなふうに思うようになったのです。

ですから、僕の部屋で起きた不思議な出来事は、いつしか僕にとっては「恐怖」の事故物件から、ある意味、「救い」の事故物件となっていったんです。

幽霊さんたちが、あの人形でしゃべり出してからは、なおのことでした。

声マネ人形が話した!!

「欲しいものはありますか？」という質問に、昭和さんから「お人形」という答えがあったのは、前年の12月のことでした。明治さんは子どもの霊だとわかっていたのですが、その明治さんではなく、40代の昭和さんのほうが人形と言ったので少し驚きました。その理由はあとでわかることになるのですが。

さっそく町のどこにでもあるようなオモチャ屋さんに行って、昭和さんがどんな人形がお望みなのかわかりませんでしたので、いろいろなタイプの人形をまとめて買ってきました。その時買った動物のヌイグルミや、リカちゃん人形や、動く犬やウサギといった人形に混じって、話しかけるとモノマネして答える（つまり話しかけた人の声の音質を変えてオウム返しに再生する）声マネ人形が入っていました。この声マネ人形を使って幽霊さんたちに話をしてもらおうという気持ちはこの時には一切ありませんでしたし、そんなことができるなどとはまったく思ってもみませんでした。

最初は、部屋にヌイグルミやリカちゃん人形を並べるようにして置いて定点撮影をしてみましたが、なんの現象も起きませんでした。

こんどは7日間と決めてまた定点撮影をしましたが、この時は前回撮影の人形ではなく、動く動物人形と声マネ人形を試しに置いてみたのでした。すると、驚くべき現象が現れたのです。

1日目には、ザザザザと畳をこするような音が聞こえました。ところが不思議なことに、音に反応するはずの声マネ人形は静かなままです。ということは、この音は声マネ人形には聞こえていない、つまり実際に出ている音ではないということなのでしょうか？　これまで動画に記録されていた謎の音というのは、実際にその場にいた者に聞こえるリアルな音ではなかった。なぜか撮影データにだけ直接記録されるものだった。そういうことなのでしょうか。どうりで動画になった時には音が聞こえるのに、山中の部屋にいる時の僕らには聞こえなかったわけです。これで謎が一つ解けました。

2日目には、スイッチをONにしないと動かないはずの歩く犬の人形が、なんと、ひとりでにキャンキャンと鳴きながら、わずかな時間でしたが動いたのです。幽霊さんが遊んだのでしょうか。でも、そんなことがありうるのでしょうか……。

3日目にも、二つ置いておいた歩く動物人形がひとりでに二つとも動きました。そして、4日目には人形が動いただけでなく、声マネ人形が何か人の声のように聞こえる音を出したのです。それが言葉かどうかはわかりませんでしたが、確かに何かを「話した」のです。

そして5日目、ついにその瞬間がやって来ました。声マネ人形が少女の声で「あそぼ」と、確かに言葉を発したのです!!　映像データを再生しながら、僕らは風船が初めて割れた時以上の衝撃を受けました。ただ、なぜだかそこに恐怖はありませんでした。むしろ感動に近い感情だったかもしれません。

翌日は声マネ人形は「私は○×△が好き」と話しました。何が好きなのかは聞き取れませんでしたが、明治さんか昭和さんのどちらかが話しているのは間違いないと思いました。

そして7日目には、最初に「アハハハハハ」と声マネ人形から笑い声が聞こえ、その1時間後にはっきりした声で「私は――です」と、「た」行の音で始まる名前を話したのです。動画ではプライバシーのことを考え、幽霊さんの本名と思われるその名前を伏せましたが（本書でもそうします）、確かに女性の名前を声マネ人形は僕らに告げていたのです。

その声のトーン、笑い方に、僕は少し恨めしさのようなものが残っているような、暗くねっとりとしたものを感じました。ときどき映像データに入っていた「フフッ」という女性の笑い声のような音の主は、きっとこの昭和さんに違いないとも、その時思ったのでした。

こうして人形を使った1週間の定点撮影が終わりました。

この動画の公開後、たくさんの視聴者さんから他の心霊系ユーチューバーが僕らの声マネ人形検証をパクっていますというコメントが寄せられました。心霊系に弱い僕らとしては、その「パクリ」の素早さにビックリするとともに、僕らが行ったことがそれほどに画期的なことだったのかとその時初めて気づかされたのでした。

僕らはすぐに3度目の人形を用いた定点撮影にとりかかりました。

前回同様に、動く動物人形と声マネ人形、そして「名前を言ったのは誰ですか？」という質問を書いた紙を置き、いつものようにカメラの録画ボタンを押すと、僕らは外へと出て行きました。

明け方に山中が部屋に戻り、動画データを僕に共有してくれました。昼頃に起きた僕はその共有データを再生しました。すると、そこに「私は——です」と、明らかに女性の声で、あの時と同じ名前、「た」行で始まる本名を名乗る声マネ人形が映っていました。そのすぐ後に昭和さんと書いておいた紙のそばの動物人形が動き出しました。つまり、前回名前を言った幽霊さんは昭和さんであり、またしても同じ名前を告げたということは、ちゃんと自我をもった存在がそこにいて、どういう不思議な力を使ったのかはわかりませんが、声マネ人形で話をしたということになるのです。

しばらくして、また声マネ人形が話を始めました。

「せっちゃんといいます」

こんどは明らかに子どもの声でそう告げると、明治さんのほうの動物人形が動きました。そう、明治さんの名前は「せっちゃん」だったのです。

なんという驚くべきことなのか。幽霊さんが自己紹介をするなんて!! そんなことがあっていいのか？ いや、事実、僕らが設置した山中のスマホの前でそれが起きていたのです。

2日目には、明治さんの動物人形が動いた後に、声マネ人形はこう言いました。

「これおしゃべりできる。私……を見て。またお水の風船しよ、アハハ」

何を「見て」と言っているのかはわかりませんでしたが、お水の風船とは、僕と山中がそれぞれ水を入れた風船を頭の上に乗せ、僕と山中のどっちが嫌いですかと質問して幽霊さんに割ってもらった時のことを言っているのです。きっと楽しかったのでしょう。

翌日、僕らは「あなたたちを何と呼べばいいですか？」という質問をしました。その夜、録画されていた映像で声マネ人形はこう答えてくれていました。

「せっちゃん。アメをありがとう。パクるって何？ あの人を悲しませないで」

明治さんの呼び名は「せっちゃん」。せっちゃんは、僕が声マネ人形検証がパクられたという話を山中にしたのをきっと聞いていたのです。とすれば、「あの人」というのは僕のことでしょうか。せっちゃんは僕を心配してくれているということなのでしょうか。

そして、昭和さんがまたあの本名を言った後、あらためてこう告げました。

「つーちゃん、お願いします、宮本さん、山中さん」

昭和さんは「つーちゃん」。そして、昭和さんは僕らの名前もしっかり認識していたのでした。

すると、明治さん、つまり、せっちゃんの声で、声マネ人形はこう言ったのです。

「宮本さん、どーぞ」

どーぞ？　いったい、なにを「どーぞ」なのでしょうか……。

そしてその翌日、「僕らの会話を聞いていますか？」という質問を幽霊さんたちにすると、返ってきた答は……。

「いつも聞いています。フフフ」と、つーちゃん。

そして、せっちゃんは……。

「お蕎麦美味しかった」

これは大晦日にお供えした、年越しそばのペヤングのことです。そして、せっちゃんはこんな謎の言葉を付け加えました。

「まさちゃんどこ？　まさちゃん」

そして、ここから僕らの長い探索の日々が始まったのでした。

二人の女性幽霊さんと暮らすということ

人形を通じて幽霊さんたちと話ができるなんて、「まさか!!」と心底驚きました。本当に、ビックリしました。

でも、風船を割ってコミュニケーションをしていたわけですから、可能性はゼロではなかったとも感じました。

初めて、せっちゃんと、つーちゃんの声を聞いた時、せっちゃんはやはり子どもらしいかわいい声でしたが、つーちゃんは大人の女性の声で、少し暗さがあり、怖い感じもしました。とはいえ、つーちゃんが僕らに何かしら危害を加えてくるような、そんな存在だとは思いませんでした。もしも、そういう意図がもともとあったのなら、僕はもう半年もこの部屋に暮らしていたわけですから、すでに何かしらの悪さをしていたはずです。でも、そんなことは一度もありませんでしたから、僕は安心感のようなものを持っていたんです。

　でも、現象が起きているのは僕の部屋ですから、冷静になると、少し複雑な気持ちにはなりました。自分が暮らしている生活空間に、二人の幽霊さんが、しかも40代の女性と、おそらく小学生か中学生くらいの女の子が「暮らしている」わけです。言いかえれば、いや、言いかえるまでもなく、僕は二人の女子と同居していることになるのです。そして僕にはその二人のことは見えませんが、彼女たちからは僕は丸見えなのです。

　とはいえ、風船の頃から、ここには何かがいると知って暮らしていたので、しかたないという気持ちではいました。僕は他人から干渉されるのが好きじゃないタイプでしたから、同居人がいること自体が嫌なのですが、どこかの時点から割り切って生活をするようになっていたのです。

　なるべく粗相はしない程度に、見られて恥ずかしいことはしないようにと、そこはちゃんと意識するようにしました。また、あえて、いつも見られているという意識も持たないようにもしましたし、実際、ずっと僕を見ているわけはないと思います。そうでもしないと、生活が成り立たないのです。

　嬉しかったのは、風船の準備をもうしなくてよくなったことと、風船の割れる音で苦情が来ないかと心配しないですむこと。質問の選択肢の分の風船をふくらませて用意するのは、とってもたいへんでしたから。割れた風船の後片づけも面倒なんです。

自分の部屋でいつも定点撮影が行われているのにも、すっかり慣れてしまっていましたし、アルバイトやお笑いとかで、どっちみち夜には家にいないことが多いので、苦ではなくなっていました。そういう時間感覚で長い間、生活してきていたのです。

せっちゃんとつーちゃんの過去

声マネ人形で、せっちゃんと、つーちゃんが話し始めたのを受けて、たくさんのコメントがありました。こういう「事件」に対して「嘘だ、ヤラセだ」と怒り出す人もいるのじゃないかと危惧したのですが、そういう否定的なコメントは驚くほど少数でした。むしろ、せっちゃんや、つーちゃんと仲良くなりたいという、そんな温かいコメントがたくさん届きました。

風船でコミュニケーションするという検証の積み重ねを僕らはしてきたのですが、その過程で、あら探しをするような否定派の人たちがどんどんフェイドアウトしていきました。嘘か本当かという次元ではなく、せっちゃんと、つーちゃんを人として見てくれる視聴者さんのほうが多数派になってきたのです。真実か否かというような検証は「人体実験」みたいで可哀想だからやってほしくない、せっちゃんと、つーちゃんが喜んでくれるようなオモチャや道具をどんどん増やして撮影してほしいという意見が、ほぼ9割を占めるようになっていたのです。

とても嬉しかったです。

さて、声マネ人形で話し始めたのを記録した撮影は、2021年の暮れから2022年の1月にかけてのことでした。その後すぐに、僕らの、いわば「せっちゃんと、つーちゃんの願いを叶える旅」が始まりました。

声を通じて意思疎通ができるようになったことから、質問と回答がいわば二次元から三次元に変わったようなもので。幽霊さんたちの置かれた状況や人となりも、どんどんわかっていきました。

まず、せっちゃんの言葉から、つーちゃんの様子がわかってきました。つーちゃんは優しい女性で、大きい。この「大きい」というのは、せっちゃんから見て大人だから「大きい」のだとばかり僕らは思っていたのですが、後にそれが違っていたということがわかります。でも、「優しい」と聞いて、恨めしさを抱いた女性を想像していた僕らは少し安心したのでした。

つーちゃんからは、せっちゃんと話をするようになったのは最近のことで、以前は話すこともなかったと知りました。せっちゃんがこの部屋にやって来る前から、つーちゃんはここにいたこともわかりました。つーちゃんは、こんなふうに説明してくれました。

「前の人が住んでいたのはだいぶ昔に感じます。せっちゃんはその人についてきました。せっちゃんがびっくりさせ過ぎてその人は帰ってこなくなりました。それからせっちゃんはここでひとりです。私はずっと前からここにいましたが、いつからいるか覚えていません」

この「前の人」というのは山中の前に住んでいた人のことだろう。せっちゃんがビックリさせたので、それで大島てるさんのサイトに炎マークがついたのでしょうか。

この「前の人」について、せっちゃんはこう言っています。

「前のおばさんはね、飴持ってたから一緒にいた。その前はずっと寝てる男の子と一緒にいた。男の子起きてどこか行っちゃったから、せっちゃんひとりで歩いてたの。まさちゃんもどこかにひとりでいると思う」

まさちゃんという女の子の名前は以前にも出てきました。いったい誰なのか？　亡くなったあとに見た光景や会った人はいますかという質問に、せっちゃんはこう答えています。

「せっちゃん、海にいた。まさちゃんも海にいた。変なお菓子もおいしかったよ」

別の質問の時にも、せっちゃんはこう答えてもいました。

「まさちゃんどこ？　まさちゃん探さないと。そっちもよい？」

せっちゃんも、つーちゃんも、人形を使って話すにはそれなりのエネルギーがいるようで、一晩で僕らが得ることができる情報量はとても少ないものでした。しかも僕らは、せっちゃんと、つーちゃんが苦しむ質問、悲しむ質問はしないと決めていたので、どうして亡くなったのかという点については、深く追究するようなことはしませんでした。ですから、僕らが推測するしかないのですが、おそらく、せっちゃんは、一緒にいたまさちゃんという女の子と海で亡くなったのではないかと考えたのです。まさちゃんは友達なのか、あるいは家族なのか。それについては、つーちゃんがこう教えてくれました。

「まさちゃんは、せっちゃんのお姉さんのようです」

そして、こんなことも。

「せっちゃんは私と違う存在です。せっちゃんが成仏することはないかもしれません」

せっちゃんは普通の幽霊さんとは違う存在？　その言葉の意味を、やがて僕らは思い知ることになるのです。

一方のつーちゃんは自分のことを、こんなふうに話してくれました。

「私は主人を亡くしましたが、主人の声が聞こえることがあります。たまに眠たくなることがあります。でも何かやり残したことがある気がして眠れないんです」

後々僕らにもわかってきたことなのですが、眠たくなるというのは成仏が近づくということのようでした。幽霊さんたちにとっては「眠る」ことが成仏。だから、つーちゃんは、やり残したことを片づけるまでは「眠りたくない」のです。

風船の時に一度だけ亡くなった原因を聞いたことがありましたが、先にも書いたように、自殺と事故の二つの風船が割れました。事故はせっちゃんで、そして自殺はつーちゃんなんだなと、この時僕らは思ったのでした。

幽霊さんも恐がる僕の私生活

当時、動画の編集担当の僕の特権として、自分のリアクションがイマイチだったり、余計なことを話していたりしたらそれをカットできたり、黒背景のナレーション部分の文字入れも担当しているので僕に都合よくマイルドなナレーションを入れることもできました。なので、実際の僕のゲスさは動画以上だと思っておいてください。スマホ上で編集アプリを使って作業をしていますが、実際、はじめの頃は僕がビビリすぎていた場面などは……カットしていました。とはいえ、芸人でもありますから、自分の都合第一でそれをしていたらおしまいですし、せっちゃんや、つーちゃんの言葉はなおのこと、一切カットせずに使っていま

す。だから、せっちゃんが、こう言った時は、「見られていたか!?」とドキッとしました。

「山中さんはね、何かいつもねえ、ひとりで変なので遊んでてねえ、あれがこわい」

変なのとは何かについては言いませんが、せっちゃんが僕のことをあまり好きではないのは、薄々感じていましたので、むべなるかなと思いました。動画ではいいことばかり言っていますが、生活は荒れていますし、ギャンブルもします。ちょっとエッチな本とかも見ますし。もしも実際に僕に娘がいて、親子二人暮らしをしていたとしたら、それはやっぱり嫌がられるだろうなと思いますから。

人形を使っておしゃべりすることについては、二人はこんなふうに話していました。

「せっちゃん、全部簡単にできるよ。風船楽しかったけどねえ、お人形さんも可愛くて好き」と、せっちゃん。

つーちゃんは、「ずっと誰とも話せなかったので、とても嬉しいです。どれも一度にたくさんはできません。無意識で動かしてしまうこともあります。せっちゃんは私より簡単にやります。毎日話してくれるのが楽しいです」と。

一度にたくさんできないというのは、やっぱり疲れるんでしょうね。

まさちゃんってだれ？

僕らにできることは何か。結論はいつもいっしょでした。せっちゃんと、つーちゃんが幸せになること。それはつまり、成仏すること。そのためには、この世に残っている原因となっている思いを遂げてもらうことです。せっちゃんは、まさちゃんを探し出すこと。つーちゃんは、やり残した何かを思い出すこと。

まずは、せっちゃんの記憶を探ります。二人にとっての思い出の景色をたずねた時の答えはこうでした。

「せっちゃんねえ、海と小さいお寺も見たよ。みんなで汽車も見に行った。お水が流れる穴もあった」

住んでいた家のことを聞いた時は——。

「お家はねえ、わかんない。まさちゃんと宮城のおじさん家行ってねえ、みんなお仕事してるからまさちゃんと海行ったの」

覚えている言葉を聞いた時も、この宮城のおじさんの家が登場しました。

「て、ぎょ、た。お水の穴。お船と橋もよく見たよ。宮城のおじさんの家」

それからしばらくした2月ごろに、まさちゃんについてあらためて聞いてみたことがありました。

「せっちゃんねえ、まさちゃんと海見に行ってねえ、そこから覚えてない。まさちゃんも宮城のおじさんの家来るから、宮城のおじさんの家楽しかった。よくおめかししてくれた」

この言葉に、つーちゃんはこんなふうに補足してくれました。

「前にせっちゃんが、まさちゃんと宮城のおじさんの家で会ったと言っていたので、もしかすると別々に住んでいたのか親戚のような関係だったのかもしれません。身長は今の私より少し低いみたいなので、せっちゃんより年上か背の低い大人の女性だと思います。せっちゃんもまさちゃんのことはそこまで詳しく覚えていないそうです」

つまり、もしかすると、まさちゃんはお姉さんではなく、親せきの子どもだったのかもしれないという、つーちゃんの推理です。

宮城、水の穴、お船、橋、汽車……そんなキーワードから僕は松島を想像しました。コメントにもそんな意見が多く寄せられました。また、なまりがないせっちゃんは宮城の人ではなく、おじさんの家に旅行で行ったのではないか。宮城出身なら、わざわざ「宮城のおじさん」という言い方はしないだろうという推理も。せっちゃんは宮城のどこか、おそらく松島に旅行に行ってなんらかの事故にあったのではないだろうか。視聴者さんも僕も、そんなふうに考えたのです。

そこで松島のいろんな写真をプリントアウトして畳の上に並べ、知っている風景はありますかと聞いてみました。写真の中には、とても小さな島の横っ腹に開いている洞窟が、まさに「水の穴」に見えるようなものもありました。せっちゃんの答えはこんなでした。

「せっちゃんねえ、ここ、みんなと見た。宮城のおじさんとか、まさちゃんもいた。でも、まさちゃんと行ったの、ここじゃないの。お水の穴があったとこ」

やはり松島へ行ったことはあったのでした。でも、「水の穴」があったのは松島ではない……。

せっちゃんの記憶探しは、ここでいったん行き詰まりました。

と思ったところ、つーちゃんの記憶探しのほうが劇的に進んでいったのです。

つーちゃんの大事な場所とは

つーちゃんは覚えていることを何回かに分けて僕らに伝えてくれていました。せっちゃんよりも亡くなった時期が現在に近いからか、記憶も比較的確かなようでした。

「木がたくさんあって、お城も見えました。池があって、ぼんやりと大きな岩山も覚えています。そこから木とお城を見て、何か大切な話をした気がします」

話の相手は、おそらく旦那さんです。

そしてまた――。

「私が覚えているのは、お祭り、子ども、長い階段、岩山の前に赤い鳥居があった気がします。変わった形の岩もたくさんありました。そこは行くのにとても時間がかかる場所でした」

変わった形の岩のある岩山と池とお城。僕はそんな場所をネットで探し回りました。見つけた候補地が、次の5カ所でした。岩櫃《いわびつ》城、赤城山、金山城、高崎城、沼田城。つーちゃんが、これらのお城の写真を見ての答えは……。

「ありがとうございます。どれも私が見たお城とは違います。岩櫃城は何か引っかかるんですけど、そんな名前ではなかった気がします。でも岩山はこんな感じでした。岩山もお城もとても幸せな気持ちでした」

僕の推理は違っていました。すると、翌日、つーちゃんは自分から「岩山」のことを思い出してくれたのでした。

「妙義山。私が行ったのは妙義山です。ここに主人と行きました。ありがとうございます。私が見たお城は、別の場所かもしれません」

岩山の場所がわかりました。大きな収穫です。群馬県の妙義山。そこが、つーちゃんの大事な思い出の場所だったのです。

こんどは「池から見えるお城」という条件で、お城について調べてみました。候補は犬山城、清洲城、吉田城、名古屋城（名城公園）の4つです。つーちゃんの答えは……。

「名城公園。この池、この風景見たことあります。確かこのあたりに橋やベンチがあり、そこからお城を見ました。少し思い出がよみがえりました。ありがとうございます」

やったあ!! 僕らは二人とも大喜びしました。大きな前進でした。

その後、節分を少し過ぎたあたりに開いた「二月のお供えパーティ」のあと、つーちゃんがこんなメッセージを残してくれました。

「私のことを、連れて行ってほしい場所があります。私が人形をお願いした理由は、それなんです。たくさん話したいことがあるので、また明日、話を聞いてください」

僕らは翌日のメッセージを待ちました。つーちゃんは、こう語りました。

「ありがとうございます。私のような存在は、自分の意思で遠くまで行けないんです。人形についで行くので、人形を持って行ってください。人形からは多少動くことができます。これができるのは、特別な条件を満たした人だけです。せっちゃんにはできないと思いますが、私が教えます。もともと外の世界を見てみたかったのですが、お二人との会話で行くべき場所がわかりました。私を名城公園に連れて行ってください」

つーちゃんの大切な思い出が残る場所、もしかすると「眠る」ことができない理由がそこにあるのかもしれない場所、それが名城公園なのだろうか。

すると、せっちゃんが、こう言います。

「つーちゃんお出かけするの？　どこ行くの？　せっちゃんも一緒に行っていい？」

前年の12月に人形がほしいと、つーちゃんが言ったのは、この移動のためだったのです。つまり、人形を目印にするのか、あるいは乗り移るのか、その方法はわかりませんが、自分が移動するための道具として人形が欲しかったのでした。

さあ、せっちゃんも連れて、みんなで名城公園へ行きますかあ!!

翌日、僕らが並べた名城公園の写真を見て、つーちゃんは、さらにこんなメッセージを伝えてくれました。

「名城公園は、何度も行っていたのでどれも見覚えがあります。５番（写真に付けた番号のこと）の場所です。ここが一番近いです。ここで主人と大切な話をしたんです。夜、ここに連れて行ってください。今日のこのうさぎの人形でお願いします」

数日後、僕と山中と、つーちゃんと、せっちゃんの4人——正確には生きている人間二人と幽霊さん二人は名古屋へと新幹線で向かいました。もちろん特急券は2枚でＯＫです。せっちゃんと、つーちゃんは、2匹のうさぎの人形に乗り移っていますから。

名古屋駅から地下鉄で栄町へ、そこから名城線に乗り換えて名城公園です。10分ちょっとで到着。つーちゃんの要望通りに夜となり、あたりは暗くなっています。広場を過ぎると庭園の中央に、大きな池がありました。

僕は、2匹のうさぎの人形と声マネ人形を抱え、つーちゃんが「ここが一番近い」という5番の写真を手にその場所を目指しました。山中はスマホでそれを撮影します。散歩やジョギング中の人たちが人形を抱えて歩く僕に不審げな視線を投げかけます。

やがて、僕らは写真とまったく同じ風景が見える一角を探し当てると、池ごしに名古屋城が望めるベンチに座りました。池面に街灯の明かりがユラユラと反射しています。その向こう側には、ライトアップされている名古屋城が見えます。このベンチに、つーちゃんは旦那さんと二人で座ったのでしょうか。つーちゃん、しっかりと見ていますか。そして、せっちゃんも。

ホテルにチェックインした後、声マネ人形を出して検証をしました。果たして、つーちゃんと、せっちゃんは、僕らと一緒に名城公園に付いてきてくれたのか？　そして、僕らと一緒にベンチに座って同じ風景を見てくれたのだろうか？　そして、いまもまた一緒にホテルの部屋に戻ってきているのだろうか？　僕はちょっぴり心配でした。初めての外出で迷子になっていないかなど、いろいろな想いが駆け巡りました。

二つ取ったシングルルームのうちの一つのほうのベッドに人形たちを置き、スマホのカメラをセットすると、僕らはもう一つの部屋で待機しました。

明け方、録画を再生すると、つーちゃんと、せっちゃんの声がしっかり記録されていました。二人とも、僕らにちゃんと付いてきてくれたのでした。

「ちゃんといます。本当に本当にありがとうございました。ここではいつものようにしゃべれない……。帰ってから、ちゃんと話します」と、つーちゃん。

せっちゃんは、「ここ、いつもの所よりキレイ。いつもよりねえ、においも変じゃない。ここどうやって来たの？」

そりゃ、ここは山中の部屋じゃありませんからね、きれいで、臭くもありませんよ、せっちゃん。

翌日、僕らは東京へと戻ると、またいつものように山中の部屋での検証を始めました。つーちゃんは帰ってからちゃんと話すと言っていましたので、つーちゃんは名城公園で何を思ったのか、変化はあったのか、一刻も早く知りたい気持ちでいっぱいでした。

つーちゃんは、こんなふうに語ってくれました。

「名城公園まで私を連れて行ってくださり、ありがとうございました。おかげでたくさんのことを思い出すことができました。私はもともと群馬に住んでいました。主人は愛知県の人でした。名城公園……あの場所は主人と、生涯を共にすると誓い合った場所です。私には、子どもができませんでした。主人も亡くし、私はひとりになりました。もう一度あの幸せな場所に行きたくて、ずっとさまよっていたのですが、やっと行くことができました。私はもういつでも、心残りなく眠れそうです。最後にもう一つだけお願いをしてもいいですか？　眠る前に、大好きだった、桜の花をもう一度この目で見たいのです。妙義山に人形を持っていって、桜を見たら私は眠りにつこうと思います。はっきりと意思を持てたのもあなたたちのおかげです。ありがとうございます」

よかった……。本当によかった……。僕は、映像データを再生しながら、熱いものが胸に込み上げてくるのを感じていました。きっと、山中も同じ気持ちだったでしょう。

「死んだあとは無」は間違いだった

ジーンときました。名城公園に行って、よかったなと思いました。

風船の時に感じたのと同じことを、この時僕はあらためて、そしてさらに強く感じたんです。

死んだら無だと思っていたお前の考えは間違っていたんだと。無じゃないんだと。確かに死後の世界はあるんだと。

こんな僕だけど、何かしら人間として少し成長したかなと思ったんです。

そういえば、つーちゃんのこんな言葉が、僕は記憶に残っています。風船の時代に「人を苦しめたいと思いますか?」という質問に「はい」という風船が割れたことがありました。その時、風船を割ったのは誰ですかという問いに、つーちゃんがこう答えたんです。

「苦しめたいと思っていたのは私です。以前の私は、はっきりとした意思もなく、ただ存在しているだけでした。苦しいという感情だけがありましたが、お二人と会話を続けている間に、少しずつ気持ちや記憶を取り戻しました。今は人を苦しめたい気持ちはありません」

口はばったいですが、幽霊さんも成長するんですね。

つーちゃんの最後の望みを叶えたい

妙義山で桜の花を見る。そんな、つーちゃんの最後の望みを叶えるお手伝いをすること。それが僕らの次なるミッションとなりました。

動画では、つーちゃんの言葉から「妙義山に人形を持っていって」という箇所だけは伏せていました。視聴者さんが殺到するなどのトラブルを防ぎたかったからです。視聴者の皆さんには、僕らがつーちゃんを連れて行く場所については事前には一切明かさなかったのです。とはいえ、薄々感づいていた方も多かったようではありました。

僕は妙義山の桜が満開となる時期を調べてみました。すると例年は4月上旬から中旬にかけてが見頃となるようでした。つーちゃんのお願いのメッセージを受け取った日より1カ月ほど先のことになります。言いかえれば、あと1カ月ちょっとで、つーちゃんとのお別れの日がやって来るということです。

それまでの日々を、つーちゃんに楽しく過ごしてもらおうと僕らは考えました。映画を見たり（DVDだけでなく、実際に映画館にも行きました）、ひな祭りをしたり、スカイツリーにも行きました。浅草にも行きました。回転寿司でお寿司も食べました。川越にも行きました。

西武園ゆうえんちにも……。そして、いろんなことがありました。

僕が一番笑ったつーちゃんの言葉は、僕がオープニングの掛け合いで、山中に「お前、朝、玉ねぎ食っただろ、すげえ玉ねぎの臭いがするもん」と何度か言ったのですが、ある日、つーちゃんも、「山中さんがあくびをした後、宮本さんがたまねぎの話をするのがいつも笑ってしまいます。私も同じことを思っていたので。ふふふ」と言ったことです。

つーちゃんも臭かったんだと知って、僕も思わず笑ってしまいました。

4月のお供えパーティーに何が欲しいかをたずねた時は、つーちゃんはこんなふうに言ってくれました。

「4月になったんですね。私も少し、春の雰囲気を感じています。この欲しいものをお願いする会話も、今回が最後なんですね。好きなものや欲しいものは、もうすべてお二人にいただきました。最後は桜餅をお願いします」

僕ら二人に直してほしいことはありますかという質問には、こんな答えをくれました。

「私は、お二人とも今のままでいいと思いますよ。言動から誤解のされやすい宮本さん。嘘の多い山中さん。考えすぎてしまう宮本さん。宮本さんに言われるまで動かない山中さん。お二人の組み合わせだから今があるんだと思います。最初は山中さんの嘘は『ちょっとな』と思っていましたが、お二人の仕事を見ていると、それも個性だと思いました。今のままの二人で堂々と進んでいってください」

励まされているようで僕らにはとても嬉しい言葉でした。

YouTubeの思い出も聞いてみました。もちろん、つーちゃんも、せっちゃんも、二人の言葉がネットを通じて多くの人に届いていることを知っています（せっちゃんは「ゆーちゅーぅ」と呼んでいますね）。

「たくさん思い出があります。豆まき、ひな祭り、山中さんがせっちゃんに宝くじの数字を選ばせたYouTubeもあの時は衝撃的でした。どれも大切な思い出です。もちろん名城公園に行けたことが一番の思い出ですが、初めて宮本さんがお水をくれた時も、私の中で何かが変わった感じがしました。そして4人で外に出かけたことは、まるで昔に戻ったようで、とても楽しい時間でした。この気持ちが、いつまでも残りますように」

妙義山の桜が満開となるのは、２０２２年のその年は4月中旬ごろと予想されていました。僕らはその日を目指して着々と準備を進めました。

そして、つーちゃんも、残りの日々を愛おしむかのように、いろんな言葉を僕らに届けてくれました。

まず、山中へ。

「山中さんとは、長い時間ここで一緒に過ごしましたね。ここに引っ越してきてくれて、ありがとうございます。外でお仕事をされているようなので、ここではよく寝ているのが印象的でした。山中さんが私たちに怖がり、驚いている姿も実は面白かったです。山中さんにはいろいろと言ってきましたが、山中さんも４人には欠かせない存在ですし、今の４人の関係にもとても大切な存在です。時々せっちゃんに怒られるようなことも、お二人のお仕事にはいいことなのかもしれません。もっと自信を持って大丈夫です。今のまま進んでください」

そして僕には。

「宮本さんも、本当にありがとうございました。いつも遠くから来てくれたり、私たちのために、いつも必死に考えてくれたり、あなたのおかげで私の時間が進み始めました。私はあまり、宮本さんのことは話さなかった気がします。でもそれだけ心の中で頼りにしてました。しかし宮本さんが、私とせっちゃんを平等に扱ってくれたように、私も平等にいるべきだったなと反省しています。YouTubeでは少し怖い人を演じていますが、普段の穏やかで優しい宮本さんも私は知っています。これからも頼りになる優しい男でいてください。山中さんとせっちゃんをよろしくお願いします」

桜を見に行く日が近づき、僕の家にせっちゃんと一緒にやって来た日には、「生前には幽霊のことをどう思っていましたか？」という質問にこう答えてくれました。

「私は、あまり信じていませんでした。映画などの世界だけで、現実にはいるわけないと思っていました。それでも幽霊がいそうな場所はとても怖かったです。今でも自分の状況が半信半疑です。今日で宮本さんの家は最後なんですね。本当にありがとうございました。これからもせっちゃんをよろしくお願いします。桜を見に行く日が近づいているんですね」

せっちゃんにも、つーちゃんはこんなメッセージを残してくれました。

「せっちゃんとはもうたくさん話しましたが、本当に感謝しています。私を含めて、たくさんの人や幽霊を、癒して元気にし、不思議な力で幸せを運んできてくれる、そんなせっちゃんに救われた人はたくさんいると思います。せっちゃんにはこれからも自由でいてほしいと思います。私はせっちゃんに出会えて幸せでした。これからもみんなを元気にして、私のような人を救ってあげてください。せっちゃん、私と出会ってくれてありがとう」

せっちゃんは、つーちゃんとのお別れが迫ってきたのが悲しいのか、「せっちゃんねえ、やっぱり桜見に行かない」という素っ気ない言葉を残していました。子どもらしいな、寂しいのを我慢してるんだなと思いました。でも、何日か後には思い直してくれたのか、こんなふうに元気いっぱいに語ってくれました。せっちゃんなりに気丈に振る舞っているのです。

「せっちゃんねえ、やっぱり桜見にいく。宮本さんと約束したから桜見にいく。二人だけの秘密。うふふ。つーちゃんと一緒に桜見てねえ、つーちゃんが笑顔でお別れできるように応援する。寂しいけどねえ、せっちゃん頑張る。つーちゃんが大好きだから」

そして、YouTubeの視聴者の皆さんへ、つーちゃんの心からのメッセージです。

「私は、頑張って生きている皆さんを心から尊敬しています。みなさんからの声を読んで聞かせてもらった時、さらにそう思いました。私は……自分で人生を終わらせてしまったことを後悔しています。みなさんは、そんなことをしては絶対にいけません。どんなに辛く孤独でも、腹の立つことがあっても、命がある時のほうが幸せでした。そんな私が生きたかった命を、みなさんは持っているんです。私が多くの人に一番伝えたかったことです。みなさんは絶対に死なないで、生きてください。私の分まで生きてください。辛い時は、私が空からあなたを見守っています。あなたが私を思い出した時は、私があなたを見守っている時です」

この言葉には、僕は今でも胸が締めつけられます。つーちゃんには、どんなに辛いこと、悲しいことがあったのでしょうか。そんな、つーちゃんだからこそ語ることができる言葉なのだと思います。

さようなら、つーちゃん

そしていよいよ前日。つーちゃんに、明日、桜を見に行くことを伝えました。すると……。

「明日行くんですね。わかりました。ありがとうございます。お昼にお願いしてもいいですか？　明るい中の桜が好きなんです。お別れは、自分でもどうなるのかわかりませんが、できるのなら、ちゃんと最後に、ここで皆さんにお礼を伝えてから行きたいです。桜は大好きですが、桜よりも宮本さん山中さんせっちゃん、そしてYouTubeの皆さんのことが大好きなので」

せっちゃんは「明日は晴れる」と、こう予言しました。

「明日はねえ、晴れるよ。すごく晴れるしねえ、桜もいっぱい咲いてくれるよ。せっちゃん見えるもん。みんなで笑いながら桜見たりねえ、上からも桜見たりねえ、宮本さんと山中さんが転びそうになったりねえ、山中さんの息がすごくなってる。うふふ」

そしていよいよその日がやってきました。

僕と山中、そして、せっちゃんと、つーちゃんの4人は、僕の運転するクルマに乗って、群馬県の妙義山へと向かいました。せっちゃんの言った通り、晴天でした。

妙義山は高崎市と軽井沢の中間あたりにある、日本三大奇景に数えられる名峰とのこと。標高は1000メートルちょっとと高い山ではないのですが、その南面は八重桜やしだれ桜など5000本が植えられている桜の名所です。『さくらの里』と名づけられたその森林公園が目的地です。

妙義山に近づくと、前方に不思議な形をした巨大な岩山がそびえ立つのが見えてきました。これが、つーちゃんが言っていた「変わった形の岩もたくさんありました」という岩山に間違いありません。すでにピンク色の霞のように、咲きほこる桜の森が遠くに見えています。

やがて道の両側に満開の桜並木が続き、クルマはずんずん坂を上っていきます。途中、中之《なかの》嶽《たけ》神社という大きな神社で休憩。いつものように、2匹のうさぎの人形と声マネ人形を抱えて、あちこち桜を見て回りました。優美なしだれ桜が見事でした。

再びクルマに乗ると、僕らはさらに上を目指します。しばらく走ると、展望台のような場所に到着。そこで車を降りると、僕らは、つーちゃんとせっちゃんがこの素晴らしい景色をゆっくり楽しめるように、ベンチに人形たちを置きました。

そこからは広大な桜の森ごしに、遠く広がる麓の富岡市の街並み、そしてどこまでも続く関東平野までが見渡せました。それにしても、なんて美しい景色なんでしょうか。

つーちゃん、満開の桜、見ていますか？

最後の望みは叶いましたか？

……。

その夜、山中の部屋に戻ると、僕らはいつものようにセッティングを終え、カメラの録画ボタンを押して、外へと出ました。

そして、つーちゃんの、こんな最後の言葉が、山中のスマホに記録されたのでした。

「本当に、本当に綺麗な桜でした。私が昔見た桜を、はっきりと感じることができました。みなさんのおかげで、もう絶対に見ることができないと思っていた、妙義山の桜をこの目で見ることができました。あなたたちと出会えて私は幸せでした。風船、食事、お出かけ、すべてが大切な思い出です。私は何かお二人に恩返しができたでしょうか？　このご恩は忘れません。短い間でしたが本当にお世話になりました。もう……何も……思い残すことはありません……。主人が待っています……。ありがとうございました……。これからも見守っています……」

いつもと少し違う、しゃべりにくそうな声でした。まるで、最後の力を振り絞っているかのような……。精一杯頑張って、僕らに言葉を残してくれたんだなと、動画データを再生しながら思いました。

そして、せっちゃんが、こう教えてくれました。

「つーちゃんねえ、ちゃんと行ったよ。最後にねえ、笑ってくれた。笑って光になったよ。

つーちゃんが心配しないように、せっちゃん、お姉さんになるね」

せっちゃん、ちゃんと見送ってくれてありがとう。

そして、つーちゃん、ありがとうございました。

つーちゃん、さようなら。

さようなら……。

第②章
あいちゃんとだいずさん

松島でまさちゃん探し

つーちゃんが光になってから数日後、途中で止まっていた、まさちゃんを探す旅を僕らは再開しました。まずは、松島へ。せっちゃんが生前、最後にいた場所は松島だという確信めいたものがあったので、そこに行けば何かを思い出してくれるのではないかと思ったのです。

１日目が松島。そして2日目は手樽《てたる》。ここは松島駅からタクシーで10分ぐらいのところにある町で、せっちゃんが気にしていた地名でした。

しかし、訪れた場所の風景はせっちゃんの記憶にはあったものの、まさちゃん探しについては決定的な成果をあげることはできませんでした。せっちゃんの言葉は、たとえば、こんな感じでした。

「せっちゃんねえ、手樽知ってる。あの海見たことがある。まさちゃんとねえ、あの海見た。木がたくさん生えている海。ずっと遠くまで木がある海。でも、まさちゃんいないね。まさちゃん、あの海が好きなんだよ」

松島の有名なお寺、大仰寺《だいぎょうじ》を訪ねた時の、せっちゃんの感想は……。

「せっちゃんねえ、あそこ初めて行った。行ったことなかったけどねえ、行けて楽しかった。すごく強くて怖そうな男の人いたけどね。お話ししたら優しかった。あと動物さんがたくさんいた。知らない動物さんたち。あと山中さんの息がいやだったのとねえ、途中で飲み物買ったところからねえ、山中さん、ずっとおじさんおんぶしてる」

なんと、まさちゃん探しの成果はゲットできませんでしたが、そのかわり、山中が謎のおじさんをゲットしてしまいました。

後日、このおじさんは何者なのか、危険はないのか、せっちゃんにたずねると、こんな答えをくれました。

「背中に憑いてたおじさんはねえ、ここまで一緒だったんだけどねえ、どこかに消えちゃった。まだいるような感じするんだけどねえ、どこにもいない。山中さんにくっついて離れなくなっちゃってた。おじさん、しゃべらなかったよ。しゃべれなくなっちゃった人みたいだった。嘘ついたり変な隠し事したりするとねえ、くっついてきちゃう人いるよ」

果たして、おじさんは東京に戻ったらいなくなったのか。あるいは、山中と一体化するほどしっかり取り憑いてしまったのか……。嘘をついたら、ヘンなおじさんに憑依されるということは、みなさんも肝に銘じておきましょう。

さて、つーちゃんが光になってから、山中の部屋には、せっちゃんただひとりだけが残ることになってしまいました。以前から、せっちゃんは山中のことが苦手でしたし、山中も、せっちゃんとの「二人暮らし」は肩身が狭いだろうと思い、また視聴者さんからも心配の声がたくさん届いていたので、あらためて、せっちゃんに聞くことにしました。このまま山中の部屋で暮らしますか、それとも、何度かやって来たことのある僕の部屋に引っ越しますか？　答えは、案の定、「引っ越し」でした。

「せっちゃんねえ、宮本さんのお家に帰るよ。宮本さんと一緒にいたいしねえ、山中さんとは一緒にいたくない。宮本さんがいるからここに来るけどねえ、山中さんといるといつも宮本さん可哀想だから、せっちゃんが一緒にいて守ってあげる。つーちゃんが『お仕事だから』って言ったのもねえ、せっちゃんが嫌いにならないように言ったの知ってるよ。つーちゃんがいる時は山中さんの家にいたけどねえ、宮本さんの家に行くようになってねえ、宮本さんすごく頑張ってるの見たからもっと好きになった。それでもせっちゃんに優しくしてくれる宮本さんと二人になれる時間があるから、ゆーちゅーぅも頑張る。宮本さん、いつも忙しそうだからねえ、最近せっちゃん、宮本さんのお家、掃除してあげてる。せっちゃん、えらい？」

これからは定点撮影のある深夜だけ、せっちゃんは山中の部屋にいて、撮影後は僕が、うさぎの人形に乗せて僕の家までクルマで連れて帰るということになりました。このパターンは今も続いています。

そしてこの時、僕は初めて、山中のほうも、何でも見透かすせっちゃんに苦手意識があったことを知りました。

僕の背中にしがみつくオジサン

僕の背中におじさんがいると、せっちゃんに言われた時は、僕の背中におじさんがしがみついているイメージだったので、もちろん気持ち悪いし、怖かったです。

でも、目に見える害はありませんでしたし、せっちゃんも切羽詰まったような言い方はしていなかったので、そこは少し、安心できました。

でも、この問題はいまもまだ続いているし、謎だらけだし、解決していないので、気が気じゃないという面はあります。僕が居心地がいいからいるんでしょうけど。

せっちゃんが宮本の家に引っ越しすると決まった時は、正直、ホッとしました。羽を伸ばせるというか。そういう、せっちゃんがいなくなってホッとしたという僕の部分もまた、せっちゃんの嫌なところなのかもしれませんが。

そういえば、せっちゃんにこんなことも言われました。

「せっちゃんねえ、つーちゃんにねえ、いつか山中さんがギャンブルとかパチンコのこと聞いてくるだろうけどねえ、『その時は答えなくていいよ』って言われた。『利用されないで』って。『せっちゃんが助けたいと思う人だけ助けなさい』って」

つーちゃんにも信用されていなかったのでしょうか。ちょっと悲しい。

でも、せっちゃんの話の中に僕の名前が出てくると、それがたとえ悪い言われ方であったとしても、なぜか嬉しいんです。

呪いの人形、譲ります

YouTubeの視聴者数が伸びてくると、この場所に行ってほしい、こういう不気味な家がありますなど、視聴者さんからいろいろなお願いや提案が持ち込まれるようになってきました。

そんな中、呪いの人形を持っているので引き取ってもらえませんかという連絡がツイッターでありました。

その方は、つーちゃんが光になった話を見て、僕らならなんとかしてくれるのではと思い、連絡をくれたということでした。その謎だらけの気味が悪い人形は自分の手に余り、どうしていいかわからないので、よければお渡ししたいというのです。

何度かやり取りしたメッセージには、こんなことが書かれていました。

その方はオカルト好きで、心霊的なモノを見たり集めたりが趣味ということでした。たまたまコレクター仲間を介して、不気味な人形を手放したがっている人がいると聞き、譲ってもらったのが数カ月前のことだったそうです。その方の手に渡るまでにも、すでに複数の持ち主がいたようです。

その方が人形を譲り受けて以来、どこからかラップ音のような不気味な物音が聞こえるようになったり、長い黒髪の見ず知らずの女性がさみしげな表情で何度も夢に出てくるようになったりと、不思議な出来事が相次いでいるとのことでした。同じ女性の夢を何度も見るというのは、その方の前の持ち主も同様だったということでしたから、その方の先入観もあったのではないかとも僕は思いました。いずれにしても、自然現象の範囲内ではという感じもあり、本当に呪われた人形かどうか、確率は半々ぐらいではないかという気持ちでした。

この人形をもらってきてもよいかと、せっちゃんにも聞きました。答えはこうでした。

「いいよ。せっちゃんねえ、誰とでもお友達になれるもん。一緒にゆーちゅーうやりたい。どんな人が来るのかなあ？　背中のおじさんもどこに行っちゃったのかなあ？　あの人怖い人。山中さんは怖い人くっつきやすいんだよ。つーちゃんみたいにいろんな人と仲良くなって幸せにしてあげたいね。せっちゃんねえ、この前、つーちゃんの声聞いたよ」

光になったばかりのつーちゃんの声をせっちゃんは聞いたと言いましたが、そのつーちゃんは、せっちゃんについてこんなことを言っていました。せっちゃんには人を助ける力がある。だから、困っている人、さまよっている霊を救ってほしいと。

せっちゃんの賛同も得て、僕らは、その人形を持っている人に会いに行きました。

町の名は伏せますが、ある地方都市のカラオケ店でその人とは会いました。

その方がバッグから取り出した人形をテーブルの上に置いた時、僕も山中も得も言われぬ違和感を覚えました。30センチほどの身長の、デニムのオーバーオールをはいた男の子の人形でした。ただし、その首から上には頭がなく、かわりに黒い布袋が乱暴に縫い付けられてあったのです。見るからに薄気味悪い感じでした。

それでも僕には、これが本物の呪物かどうかはわかりませんでした。この視聴者さんが僕らを騙そうとしている可能性すら考えていました。半分、「本当かな？」という気持ちでした。山中もそんなリアクションだったのを覚えています。

その後、山中の部屋に人形を持ち帰り定点撮影をしましたが、セッティング中も、山中はボーッとしてうっかり人形を踏んづけてしまったほどでした。

実は、つーちゃんの顛末が話題になったこともあり、そのころ、僕らの許可無しに幽霊さんたちの話を本にして勝手に売ろうとするなど、僕らを利用してお金を儲けようとする人たちが出現していました。そのため、だれかに騙されるのではないかという不安を知らぬ間に持ち始めていた頃でもあったのです。

最初の検証で、せっちゃんが「男の人がいる」と言ってくれたことで、この人形にはやはりなんらかの呪いのようなものが宿っているのだと、僕らは緊張しました。一方で、譲ってくれた方の話は本当だったんだと、ここでやっと確信できました。

せっちゃんは、こんなふうに言ってくれたのでした。

「知らない男の人。動かないよ。動かない白い人。悪い人じゃないよ。お人形にくっついて動けなくなっちゃってる。ずっと下向いてねえ、せっちゃんのこと見てくれない。お人形見てる。泣いてるのかなあ？　笑ってるのかなあ？　何もしない人。せっちゃんねえ、こういう人、助けてあげたい」

僕らは人形に取り憑いているのは女性だとばかり思っていたので、せっちゃんが男性だと言ったことに少し驚きました。

この日から、この人形に閉じ込められている男の解明が始まりました。

ちなみにこの人形をどこに置くかは、せっちゃんが頑張りすぎて負担を掛けてはいけないと思い、撮影以外はせっちゃんとは離して山中家に置いておくことになりました。

翌日、男の人から黒いのが取れたと、せっちゃんは教えてくれました。せっちゃんによれば、意識を失っているような霊は、黒い影のようなものに囲まれているのだそうです。

「黒いのとれたんだけどねえ、おしゃべりしてくれない。『どうぞ』もしたんだけどねえ、おしゃべりできる人なのにねえ、おしゃべりしてくれない。まだおしゃべりできない人。ずっと下向いてお人形見てる。わーー!!（驚かせようとする）　お名前は？　おしゃべりしてくれない。ゆーちゅーうは、おしゃべりしないとダメなんだよ」

明くる日、人形にお水をお供えしたら……。

「お水はねえ、この人ねえ、見てない。お水を置いた宮本さんたちのことも見てなかったよ。お名前もわからないしねえ、好きなものもわからないしねえ、おしゃべりできるようになるといいんだけどね。でもお水はこれからもあげてね」

男の見た目についてたずねると……。

「白くてねえ、おじさんじゃなくてねえ、宮本さんたちと同じくらいの人。今日も下向いてお人形見ててねえ、何も考えてなさそう。あまり色がない人。髪の毛は宮本さんより短い。動かないし何もしないけどねえ、少しだけ『うー』って言うようになった」

その夜の動画には、コンコンコンコンという謎の音が入っていました。翌日、この音についてせっちゃんに聞いてみると……。

「昨日の音はねえ、この人が少し動いた音。お人形から動けないんだけどねえ、少しだけ動く。バンバン鳴ってたのもねえ、だいずさんだよ。お顔が大豆に似てるから、せっちゃんがだいずさんって決めた。だいずさんもねえ、つーちゃんみたいに勝手に音出しちゃうんだよ。だいずさんも少しおしゃべりするけどねえ、『うー』しか言わない」

だいずさん……。顔が大豆に似ているから、だいずさん。

人形に閉じ込められている男の呼び名が、だいずさんと決まった夜でした。

せっかくひとり暮らしになったのに

呪物という名称も僕は初めて聞いたので、得体が知れない恐怖という感覚がありました。人形の頭の部分に黒い袋が縫い付けてあったのですが、その縫い跡が明らかに

素人がグチャグチャと縫い付けたようなものだったので、それがなおのこと恐怖心をそそりました。

クルマの後部座席にその人形を置いて、僕の部屋まで持ち帰り、その夜から定点撮影の検証を始めました。僕にしてみれば、せっちゃんが引っ越したと思ったら、また厄介なものがやって来たなあという思いで、あまりいい気分ではありませんでした。

人形は、撮影以外の時は押し入れの中にしまっておきました。せっちゃんが中に男の人がいると言っていましたので、嫌な感じがしていましたから、なるべく自分から離しておきたかったのです。人形を動かす時にも、無意識のうちに黒い袋にはなるべく触れないようにしていました。

人形に誰かが取り憑いているのなら女性だろうと思っていましたので、もしかしたら男性と女性の二人が憑いているのかなとも思いましたし、どんな事情があるのかと想像を始めると、ますます不気味になってきたんです。

とはいえ、せっちゃんと、つーちゃんと暮らしてきた過程で耐性みたいなものもついてきていましたので、この部屋に引っ越してきた当時の心臓がバクバクするような恐怖ではなく、気味悪いという感覚でした。

この人形が僕の部屋にやって来ても、嫌なことは起きていませんでしたし、わけもわからず不気味ではありましたけど、ありがたいことにこの人形を検証すること自体がYouTube活動なので、検証することで僕らは前に進んでいけるんだと考えると、なんだか心が和らいでいく自分もいたんです。

閉じ込められている男、だいずさん

人形に閉じ込められている男、あらため、だいずさんについての調査は、せっちゃんのおかげでどんどん進んでいきました。

だいずさんの移動能力、移動範囲について、せっちゃんの報告です。

「だいずさんはねえ、少ししか動かないよ。せっちゃんが手を広げたくらい。でも、だいずさん、少しおしゃべりしてくれるようになったよ。せっちゃんが『だいずさん』って言ったらねえ、『うー』って言って笑ってくれた」

人形の頭の部分にある不気味な黒い布袋。これを取ってもいいものかどうか、せっちゃんに聞いてもらったところ……。

「お人形のねえ、『黒いとことるのはやめて』って。すごく慌てて嫌がってた。山中さんがお人形踏んだ時も、だいずさん慌てて少し動いてたよ。お人形、どうしてほしいのかなあ？　なんでお顔なくなっちゃったのかなあ？　せっちゃんねえ、このお人形の中にねえ、何か悲しいものがある気がする」

人形の中にある悲しいもの……？　それはいったい何なのだろう。だいずさんという男がひとり、囚われているだけの人形ではないのか？

山中の部屋で深夜、僕がひとり留守番をするという企画を撮影した時のことです。

いつものように人形たちをセッティングした後、僕は山中の部屋の壁によりかかってネタ帳を広げていました。すると、深夜、せっちゃんが話しかけてくれました。人間がそばにいると話すのが難しいと言っていたとおり、「宮本さん……」と言っては途切れ、しばらくして「お煎餅ありが……」と言ってはまた途切れてしまいました。いつか僕が焼いたパンを煎餅だと勘違いして、そのお礼を言ったのでしょう。その後、しばらく沈黙が続きました。

すると突然、「ヴヴーーー」と、せっちゃんとは違う新しい声が聞こえてきたのです。

「だいずさん？」

僕は声マネ人形に向かって問いかけました。返事はありません。

その夜、しばらくしてから、また、せっちゃんの声が聞こえました。

「だいず……お水……」

きっと、だいずさんにお水を供えてと言いたかったのでしょう。山中が帰宅してから、僕らはだいずさんにお水をお供え、お礼を言ったのでした。

僕にはだいずさんの「ヴー」という声が、口を自由に動かすことができない人が、なんとか言葉を発しようと力いっぱいにうめき声をあげた、そんな音に聞こえたのでした。

この声の主がだいずさんであったことを、翌日、せっちゃんが教えてくれました。

「だいずさんはねえ、頑張っておしゃべりしてくれたよ。でも、まだたくさんおしゃべりできないみたい。せっちゃんもねえ、最初は上手におしゃべりできなかった。だいずさんもきっとねえ、綺麗なお声でおしゃべりできるようになるよ。だいずさん、あまりお人形見なくなった。宮本さんたちとかこの家見てる」

僕らはこの日から、「ヴー」という声の回数で意思疎通を図ることを始めました。

まず、だいずさんはいま、どんな気持ちでいるのだろうか。僕らが黒い布袋を取ろうと考えたことを怒ってはいないだろうか。そのことを確かめたいと思いました。怒っているなら2回、怒っていないなら1回、声を出してくださいと伝えて、夜を待ちました。

だいずさんが発した声は1回だけでした。怒っていない、です。

せっちゃんがこう語ってくれました。

「だいずさんはねえ、怒ってないよ。最近ねえ、せっちゃんに笑ってくれる。山中さんとも何かお話ししたそう。だいずさんはねえ、おしゃべりの仕方忘れちゃってるんだよ。どこかに行きたかったのにねえ、お人形にくっついちゃって行けないの。早くおしゃべりできるようになるといいね。だいずさん、どうぞ、どうぞ」

せっちゃんが「どうぞ」と、だいずさんに元気をあげました。

「だいずさんはねえ、このお人形から離れたいんだよ。どうしたら離れられるのかなあ？　だいずさんも知らないのかなあ？　お人形のことはあまりお話ししたくなさそうだし、あまり知らなそう。でも『頭の黒いのは取らないで』って、頭の黒いとこ触ろうとすると嫌な顔する」

人形から離れたいのに、頭の黒い袋は取ってほしくない。だいずさんを僕らは助けてあげたかったが、どうしてよいのか皆目わかりませんでした。

「だいずさんはねえ、お人形から離れたいんだけどねえ、離れたくないんだよ。離れるのが怖いんだよ。何が怖いのかなあ？　山中さんみたいにねえ、だいずさんもお酒飲みたいんだって。だいずさん、山中さんがうらやましいんだって。だいずさんはまだ長く動いたり声出したりできないんだよ。だいずさんともお出かけできるといいね」

せっちゃんのような特別な存在でも、つーちゃんの手伝いがなければしゃべられるようにならなかったことからも、声マネ人形でおしゃべりするのは簡単なことではないと僕らは知っていました。だいずさんが声マネ人形で自在に話せないのは無理もなく、僕らは「ヴー」という声の数での意思確認を続けました。

このころの僕らは、女の人がこの人形を呪いのために作ったのだとしたら、呪いのターゲットがだいずさんだったのだろうと考えていました。

一方で、これが「呪い返し」である可能性もありました。コメント欄でもそのことを書いている人がたくさんいました。誰かを不幸にしようと考えてだいずさんが作った人形に、だいずさん自身が呪い返しで囚われてしまったというのです。

とはいえ、せっちゃんの言葉によれば、だいずさんは悪い人ではなさそうでしたので、ある夜、せっちゃんと一緒にこの人形を僕の家に持ち帰ってみることにしました。その時のだいずさんの様子をせっちゃんはこう教えてくれました。

「ここはねえ、せっちゃんのお家。だいずさん来てくれた。だいずさん何も変わらないけどねえ、お外はおしゃべりするの大変。ここもおしゃべり難しいしねえ、だいずさん、動けないよ」

場所が変わっても、だいずさんの状態には変化はないようでした。

せっちゃんとの二人暮らし

だいずさんと山中が実は似たもの同士だと判明したのもこの頃でした。だいずさんの好きなことは何ですかという質問に「ヴー」の数で答えを選んでもらったところ、だいずさんは「博打・ギャンブル」を選んだのでした。

せっちゃんいわく――

「だいずさんはねえ、いつも山中さんがねえ、ひとりでお酒飲んだりお金で遊んでるのがうらやましいんだって。それがだいずさんが山中さんにお話ししたかったこと。せっちゃんが好きなのはねえ、宮本さんとお出かけ。いつもいろんなところに連れて行ってくれるから楽しい。うふふ。ドンキーホテー。たくさんお菓子買ってくれた。せっちゃんねえ、ドンキーホテーで離れないようにねえ、宮本さんの手離さなかったよ。宮本さん、お世話がやけますからね。せっちゃん、いい子？」

山中の酒好き、ギャンブル好きに、だいずさんが自分に似た何かを感じているようです。これも何かの因縁なのか……。

さて、せっちゃんがドンキーホテー――つまりドンキホーテの話をしていますが、僕は山中の家からの帰り道、コンビニなどに寄り道して買い物をする時は、せっちゃんにお供えするお菓子もいっしょに買うようにしていました。たまに個人的に外出する時にも、トートバッグの中に、せっちゃんがいつも乗り移るうさぎの人形を入れて連れて行きました。ドンキホーテは、そんな僕とせっちゃんの外出の時の話です。せっちゃんの姿は目には見えませんが、僕はいつもその存在をなんとなく感じるようになっていましたし、そこにせっちゃんがいるんだという感覚で24時間暮らしていたのです。

せっちゃんは、ある日、こんなことを話してくれました。

「せっちゃん、この前ねえ、宮本さんの背中踏んであげたんだ。あと、風邪ひきそうだから元気にしてあげた。せっちゃん、いい子？　あと、雨が降ってきた日ねえ、宮本さんが外に干してた服が濡れちゃうから、お家に入れてあげたかったんだけどできなかった。早く帰ってこないかな」

ある時は、こんなことを言って僕をジーンとさせました。

「宮本さんはねえ、えへへ、えーっとねえ、わかんない。でも大好き。せっちゃんがたったひとり頼れる人。せっちゃんにいつも優しくて守ってくれる人。宮本さんがねえ、他の女の人といるの見たことあるよ。ちゃんと見てるんですからね。いーー。でも誰が来てもねえ、宮本さんがせっちゃんのこと大切にしてくれるの知ってるよ。宮本さんみたいにせっちゃんのこと大切にしてくれる女の人なら、一緒にいてもいいよ。そうすれば宮本さんもせっちゃんも幸せになれる。宮本さんもせっちゃんと同じでずっとひとりだったからねえ、これからはせっちゃんがずっと守ってあげるからね。これからも一緒にいさせてね」

他にたとえようがないのですが、見えないけど確かにそこに存在し、温もりを感じる。そんな感覚です。

どこかで泣いている女

だいずさんの謎の解明作業は続きます。

だいずさんは亡くなっていますかという質問への、せっちゃんの回答です。

「だいずさんはねえ、つーちゃんと同じなんだけどねえ、つーちゃんと違うよ。ここから動きたいんだけどねえ、動きたくない人。何かが怖いんだよ」

だいずさんがすでに亡くなっている人なら、どういう原因で亡くなったのだろうか。

「だいずさんはねえ、そのお話はあまりわからないみたい。でも悲しんでないよ。だいずさんは悩んでるんだよ。だいずさんはどうしたいのかなあ？　光になりたくないのかなあ？」

この翌日、せっちゃんは思いがけないことを伝えてくれました。それは、だいずさんではなく、つーちゃんのことでした。

「あのお花からねえ、つーちゃんの声が聞こえる。つーちゃんがねえ、『せっちゃん』って呼んでくれてねえ、つーちゃんの笑い声が聞こえる。他はなにも言ってくれないけどねえ、つーちゃんのいい匂いがする。光になった人でもねえ、いっぱい思ってあげたらねえ、わかってくれるしねえ、気持ち届けてくれるし守ってくれる。おしゃべりはできないんだけどねえ、話しかけてくれる。いつも見ててくれてるよ」

お花というのは、つーちゃんがこちらに帰って来る時の目印として山中の部屋においている白い造花のことです。この造花の一輪は、僕の部屋にも置いてあります。せっちゃんは、光になり、成仏した人も別の世界に存在し、そしてこちらを見守ってくれているということを教えてくれたのです。それは、僕らの心をとても温かい何かで満たしてくれました。

でも、だいずさんは、そんな成仏には関心がないようです。

実は、だいずさんに「成仏したいですか」という質問をした時に、だいずさんは初めて言葉を発したのです。声マネ人形から、だいずさんの「いやー」と言う声が僕らには聞こえたのです。「ヴー」とは違う、だいずさんの言葉です。せっちゃんが言います。

「だいずさんはねえ、嫌なんだって。眠りたくないんだって。怖い女の人。どこかで泣いてる。助けてほしい人」

そして、こんなことも。

「だいずさんはねえ、(成仏のしかたを)知ってるけどねえ、知らないんだって。だいずさんはねえ、女の人を怖がってるんだよ。女の人が気になってる。どこかで泣いてる女の人」

続けざまに女の人の話が出てきたことで、やはり呪いをかけたのがこの女の人で、呪いをかけられたのが、だいずさんなのだろうという考えに僕はますます傾いていきました。

それにしても、女の人がどこかで泣いているとは……。

背中のオジサンはお口がおかしい

だいずさんのこともさることながら、僕自身は背中にしがみついているおじさんのことが気になっていました。目に見える害はないとはいえ、やはり気持ちいいものではありません。そんな時、せっちゃんが、このおじさんについて、こんなことを話してくれました。

「背中にいたおじさんはねえ、お顔が怖い人。お話できない人。たくさん嘘ついた人はお話できなくなっちゃうんだよ。お口がねえ、おかしくなっちゃう」

まったく救いにならない、せっちゃんの言葉でした……。

人形から声が聞こえる……

だいずさんの過去は謎のままでした。せっちゃんが語ります。

「だいずさんもねえ、自分のこと全部覚えてないんだよ。たくさんのこと忘れちゃうんだけどねえ、いろんな人が少しずつ思い出させてくれるの。だいずさんもたくさんのこと思い出せるといいね」

それでも、少しずつ人形の秘密は明らかになっていきました。

人形の持ち主についての質問に、だいずさんは声マネ人形を使って「女が……」とだけ言いました。それ以上話すのはまだ難しいようです。せっちゃんの解説です。

「このお人形はねえ、だいずさんじゃない人のお人形。泣いてる女の人のお人形なんだって。でも、だいずさんはお人形から離れられないんだって。女の人はどこかで泣いてる」

またしても、泣いている女の人。せっちゃんにはその嗚咽が聞こえているのだろうか。

「だいずさんはねえ、このお人形が怖いしねえ、あまり好きじゃないみたい。だから離れたいんだけどねえ、離れるのが嫌なんだって。離れたら女の人が来そうなんだって。どこにいるのかなあ？　だいずさんも女の人も一緒にゆーちゅーうやればいいのにね。ゆーちゅーうの人はみんな優しいんだよ」

視聴者さんからのコメントをせっちゃんに読んであげていましたので、せっちゃんはYouTubeについてとてもポジティブなイメージを持っているのです。

さて、謎の解明は続きます。

だいずさんがこの人形と出会った場所を聞いた時です。再び、だいずさんが自分の声でこう話しました。

「……森……長い……」

いったい何をだいずさんは告げたいのか……。

「だいずさんはねえ、何か言ってるんだけどねえ、あのねえ、わかんない。長い森？　立ってた？　だいずさんはまだ少ししか自分のこと思い出してないんだよ。このお人形から離れられないしねえ。どこかで女の人がお人形探してる」

その「女の人」がこの人形を作ったのはもはや確実だし、おそらく、呪われているのはだいずさん。でも、どうして、だいずさんは人形から離れるのが怖いのか。そしてまた、なぜ女の人は人形を探しているのか。そして、なによりも彼女はどこにいるのか……。

だいずさんに年齢をたずねた時は、だいずさんは「ヴー」と4回声を発しました。つまり、だいずさんは40代ということでした。だいずさんの容姿について、せっちゃんはこう教えてくれました。

「髪の毛は短くてねえ、目も小さくてねえ、大きい豆みたいな顔だからだいずさん」

そして、だいずさんと女の人の関係については、こんなことを……。

「知らない女の人だって。知らない女の人なのに、だいずさんのこと放してくれないのかなあ？　女の人もねえ、このお人形探してるよ」

翌日、だいずさんは「女……」とだけ言葉を発し、せっちゃんはこう言いました。

「女の人、何が怖いのかなあ？　女の人はだいずさんのこと放したくないんだよ。女の人はねえ、このお人形に『ごめんなさい』って言ってる」

この人形をめぐって、いったい何が起きたのだろう？　僕らはますますわけがわからなくなっていきました。

「女の人はねえ、遠くてねえ、近くにいるんだって。誰かがいる気がするけどねえ、誰もいない。でも泣いてる。だいずさんは会いたくない女の人」

そして、だいずさんは、「来る……来る……」と、まるで何かを恐れるかのように声を上げるのです。

深まるばかりの謎……。

「お人形からねえ、小さな声が聞こえる。女の人の小さな声。くっついてるだいずさんは、せっちゃんよりもっと聞こえると思う。いないのにねえ、声だけ聞こえる」


だいずさんの故郷は長野？　それとも……


6月。人形がやって来て、およそ1カ月が過ぎました。

僕らは、だいずさんが最後にどこにいたのか、その場所を特定することを当面の目標にしました。

風船の時のように、北海道、東北などと、日本の各地方の名を紙に書いて畳の上に置いてみました。つーちゃんの時は、そんな質問から名古屋という地名にまでたどり着いたので、僕らはここを突破口にしたいと思っていました。

すると――。

「なが○◎△□た……懐かしい……四国……○◎△□……女」

「ながが」で始まる何かは地名を言いたかったようにも聞こえました。では、「四国」とは？

翌日、僕らは選択肢をさらに狭め、愛媛、高知、徳島、香川、長野、長崎、奈良としました。だいずさんの回答は……。

「アー……ながが○◎△□……ながが○◎△□……ながの（これはいちだんと力強く言いました）……○◎△□もり……ながい○◎△□……香川○◎△□」

最後にいた場所は長野なのか？　それとも香川なのか？　さらに絞り込んでいきます。

こんどは、だいずさんの来た町の名をダイレクトにたずねました。

すると、だいずさんは、いつもより多く言葉を話してくれました。

「ウー……長野○◎△□……子ども……森……階段……いた……女……」

次に、だいずさんが覚えている施設や場所の名をたずねた時でした。

「行こう……行きたい……でも……女、女が、いるかも○◎△□……森の階段」

せっちゃんが、だいずさんの言葉の謎解きをしてくれます。

「だいずさんはねえ、森の階段でねえ、女の人に見つかっちゃったんだって。そこに行きたいんだけどねえ、まだ女の人がいるかもしれないって。今もどこかで探してるよ」

その森の階段に行けば、何かがわかる。でも、だいずさんは、そこにその女の人がまだいるかもしれないと恐れている？

数日後、だいずさんは、さらに具体的な言葉を並べてくれました。

「長野……寺……四角いお地蔵さん……りんご……長い階段……森……高松……行きたい」

僕はだいずさんがこれまで話してくれた言葉をヒントに、長野県内にある、階段や森に関係する公園、観光地を検索して何カ所かを選び出し、その写真をコンビニに行ってプリントアウトしました。その夜、たくさんの写真を畳に並べ、だいずさんに、行ったことがあるのはどこかと聞いたのです。すると、その答えは……。

「善光寺……私はとよ……です……男が階段に人形を持って○◎△□……動けない」

パズルのピースが少しずつつながっていくようでした。だいずさんが長野に関係ある人なのは間違いありません。

僕はだいずさんが話してくれたキーワードのうち、「とよ○◎△□」というフレーズが気になりました。他の言葉より長く、思いがこもった話し方だったのです。僕は長野県内の「とよ」で始まる地域を探してみました。すると、豊野町、豊丘村、豊田村の３つが見つかり、なんと、そのどれにも大きな森があることがわかりました。

この３つの町について聞くと、だいずさんはこう答えてくれました。

「豊野……豊野にいた……私はそこに行った……そこでくっつく……女……離してくれない……来る……」

せっちゃんはこう言います。

「だいずさんねえ、少し思い出したみたい。よかったね。だいずさん、お顔も少しねえ、見やすくなった。だいずさんにとってそこが大切な思い出の場所なんだよ」

ネットで豊野町について調べると、「いこいの森」という公園があるのがわかりました。この公園とその周辺には、だいずさんが話していたキーワードの多くが当てはまることもわかりました。森の中には長い階段があり、正式な名前は「ちびっこいこいの森」で、だいずさんが話した「子ども」というワードに関係があります。お寺も近くにありました、そこには四角い形に並んだお地蔵さんがあり、それがだいずさんが言う「四角いお地蔵さん」に思えました。しかも、ここは善光寺とも近いのです。

僕らは単刀直入に聞きました、「いこいの森」を知っていますかと。

「そう……ここ……この階段に○◎△□……女は人形と来た……人形に捕まって○◎△□……女は消えた……近くて遠い」

推理は的中しました。せっちゃんが、こう補足してくれました。

「だいずさんがねえ、ここの階段にいたらねえ、お人形と女の人が来てねえ、つかまっちゃったんだって。そのまま女の人は消えちゃったんだけどねえ、どこにいるかわからないから怖いんだって。たまにねえ、小さく女の人の声聞こえる」

その「いこいの森」について、さらにだいずさんにたずねると……。

「ウー……楽しい公園……父親と行った……思い出の場所……何もない部屋の場所……最後に、見たくて、消える前に行った……最後に見たかった」

せっちゃんの説明です。

「だいずさんねえ、その森がすごく好きなんだって。すごくいい所って言ってる。光になる前にねえ、最後に見ようとして行ってねえ、しばらく階段立ってたらねえ、お人形にくっついちゃったんだって」

だいずさんの謎の一端がようやく解けました。

せっちゃんはだいずさんにも不思議な存在

だいずさんが、だんだん上手にしゃべられるようになってきたのには、せっちゃんの力がだいぶ大きかったと思います。せっちゃんがいなかったら、ここまで、だいずさん

も話せなかったでしょうね。

一度、だいずさんは、せっちゃんのことを、こんなふうに話してました。

「せっちゃんは、神様のよう。古いかっこうをした小さい女の子。私には見えないもの、さわれないもの、せっちゃんには見えて、さわれて、話ができる。考えていることを悟ってくれる。人の温もりを感じない私を、せっちゃんにさわられた時だけ、温もりを感じる。幸せな気持ちになれた。せっちゃんは私のようなものとはまったく違う」

せっちゃんが、だいずさんにさわると、あったかい温もりを感じるなんて、本当に、せっちゃんというのは不思議な存在なんですね。

一方で、せっちゃんは、だいずさんを、こんなふうな人だと言っています。

「だいずさんはねえ、ちょっとだらしなくてねえ、あまり自分では頑張りたくないと思っている男の人。お人形から離れられないからねえ、早く離れられるといいね。せっちゃんはねえ、女の人とも仲良くなれるよ」

だらしないところは、ちょっと、僕と似てるのかも。同居人だし……。

人形に閉じ込められた長い階段はここです

　つーちゃんが名城公園に行くことで光になることを心に決めたように、だいずさんにも「いこいの森」に行くことで劇的な変化が訪れるのではないかと僕らは考えました。

だが、だいずさんの答えは、ＮＯでした。

「ウー……私は、行きたくない……今は、怖い……女が、どこにいるか。いたら、怖い」

せっちゃんは、女の人の声が聞こえると言います。そして、その女の人は近くにいると言うのです。

その女の人は、どんな姿をしているのでしょうか。

「ウー……全部、髪の毛。長い髪の毛。赤いスカート……髪の毛……人形。繋がってる」

まさに、最初にこの人形を僕たちに託してくれた人が夢で見ていた髪の長い女でした。

せっちゃんの答えも長い髪の毛の女性でした。

「髪の毛が長くてねえ、悲しいお顔のお姉さん。遠くにいるんだけどねえ、近くで声がする。小さな声で何か言ってる。女の人はねえ、お人形の黒いの取ろうとしてる」

それからも、だいずさんは女の人への恐怖におびえ、「いこいの森」へ行くことを拒み続けました。声マネ人形を使っての話は少しずつ上手になっては来ましたが、「女が怖い」の一点張りでした。

それでも、せっちゃんの協力もあり、人形をめぐる状況が次第にわかってきました。人形は、せっちゃんによれば「頭の中に悲しいものが入って」いて、それは白いものと黒いものだというのです。また、だいずさんが人形から離れられないのは、人形の頭の中の何かがだいずさんを捕まえているから。そして、女の声は、せっちゃんだけでなく、だいずさんにも聞こえているという。しかも人形の頭の中から……。

結局、だいずさんは「見てきてほしい。そして話を聞かせてほしい」と言うので、僕らはせっちゃんだけを連れて「いこいの森」に行くことにしました。

6月下旬に、僕と山中は長野へと向かいました。長野駅でJR北しなの線に乗り換え、15分で豊岡駅に到着。そこから静かな住宅地をしばらく歩くと、木々の鬱蒼とした小高い丘が見えてきました。そこが「いこいの森」です。だいずさんが言っていたように、狭く長い階段が森の中を高みに向かって続いています。僕はせっちゃんの人形を抱えて、山中はハーハー息を切らしてスマホで撮影しながら、その長い階段を頂上目指して登っていきました。

階段の中ほどで振り返ると、遠い山並みの手前に千曲川が、そして長野市や小布施の街並みが広がるのが望めました。まさに絶景です。だいずさんが光になる前に来たかった場所というのがわかるような気がしました。

頂上には子どもたちのための遊具が置かれた小さな公園がありました。だいずさんも子どものころにここで遊んだのでしょうか。ここに来る前は、「女の人」という存在への言い知れない不気味さから、恐ろしい雰囲気を想像していたのですが、実際はそんな重い感じはほとんどありませんでした。

僕らは暗くなるのを待ってから何枚もの写真を撮り、引き上げました。

翌日、撮影した写真のプリントアウトを畳の上に広げ、せっちゃんとだいずさんの反応を待ちました。せっちゃんは、あの階段にも、そして撮影した写真の中にも、女の人はいなかったと言ってくれました。そして、だいずさんは……。

「ここ。懐かしい。私が、行った場所。ずっと見たかった。せっちゃんが、大丈夫というなら、信じる。とても嬉しかった。ありがとう」

これで一気に解決に向かうかと思いましたが、それでもだいずさんはまだ「少し時間をください」と、こう言うのでした。

「私は人形から離れたい。人形から頭を外せば、私は人形から離れられる。でも女が階段にいないなら、女は人形の頭にいる。昔は、頭から出してと言ってた。人形から私を引っぱっているのは、女。頭を外していいかわからない」

その後も、女の人への恐怖と、頭の黒い袋を外すと自分が消えるのではないかという恐怖の、二つの恐怖のために、だいずさんは心を決めることができず、いたずらに日々が過ぎていきました。

ようやく、だいずさんが長野へ行くと決心したのは、7月になってからでした。

すでに夏がやって来ていました。

人形から女が出ようとしている……

善光寺は7年に一度のご開帳ということでしたが、僕らが行った時はすでに行事は6月いっぱいで終わっていて、訪れる人もそれほど多くはありませんでした。

僕はせっちゃんの人形と、あの黒い袋が頭に縫い付けられた、だいずさんが入っている人形の二つを抱きかかえ、そして山中はいつものようにスマホで撮影しながら、広大な善光寺を見て回り、名物の「おやき」を買って食べたり、束の間の観光を楽しみました。せっちゃんも、だいずさんも、きっと喜んでくれているはずだと信じて……。

その後、「いこいの森」に、せっちゃんとだいずさんを連れていきました。だいずさん、この美しい景色を見てますか？　だいずさん、このさわやかな夏風を感じていますか？

翌日、せっちゃんと、だいずさんは、こんなふうに言ってくれました。

「あそこはねえ、光っている人が何人かいた。大きい人と小さい人。あとねえ、すごくいい匂いがした。だいずさんもねえ、嬉しそうだったし元気になってた」

「ウー……善光寺、昔行った場所。懐かしい。畳、見ていてくれた。笑って」

僕には「畳」から先の言葉の意味はわかりませんでしたが、きっと、だいずさんの楽しい思い出か何かなのでしょう。

だいずさんのおそらく故郷かもしれない思い出の場所、そして人形にだいずさんが捕まえられた場所、いわばだいずさんにとっての運命の場所がわかった今、残された僕らのミッションは、だいずさんを人形から解放してあげることでした。そのためには、頭の黒い袋を取り外すことが必須だと思えました。

もちろん、僕らが勝手にできることではありません。だいずさんの決断が必要でした。「女の人」との意思疎通があれば、さらに確実でした。

しかし、せっちゃんにとっても、女の人の声は聞こえるけれど、小さくて、しかも言葉じゃない何かを話しているので話ができないというのです。

するとある日、ふと、人形の頭の黒い袋の縫い目が少しだけゆるんでいることに僕は気づいたのです。僕がこの人形を抱えて長野と往復したせいなのか。それとも、この人形の中にいるかもしれない女の人が、何かをしようとしたのか。僕は、せっちゃんに聞いてみました。

「女の人がねえ、出ようとしてるよ。出たがってる。お人形から出てねえ、何かをしてほしいんだよ。お人形の中にねえ、大切なものを入れてるんだって」

そして、だいずさんは……。

「ウー……女、女は、私が元気になるほど、女の声は強くなってる。激しく叫んでる。女は、みんなの会話を聞いてる」

女の人は動き出している、そして叫んでいる……。

せっちゃんは、こうも言いました。

「お人形の中にはねえ、男の人と女の人が入っている。出たがってる。女の人が泣きながら怒って作ったもの。女の人も作ったことを謝ってるもの」

その時が迫ってきている、そんな焦燥感に似たものを僕は感じました。

だいずさんの決断は、あっけなく訪れました。

だいずさんに、僕らと知り合ってから楽しかった思い出は何かと聞いた時のことでした。

「長野。善光寺。森の階段。見に行けた。変わらない景色。ここで話を聞いてもらえた。会話ができた。久しぶりに、嬉しかった。楽しかった」

そう語った定点撮影の最後に、ポツンとこう付け加えるように告げたのです。

「人形の頭を外してほしい。手伝ってください」

幽霊さんだってひとりの人間だから

人形の中にいる女の人……。もともと怖がりの僕ですから、怖さはありましたが、やっぱり真実は何なのか、だいずさんにとって一番いいことは何なのか、どうしたらその女の人の恐怖から助けてあげられるだろうか、そのことが大事だと思っていました。だいずさんの背景についても、いろいろわかってきましたので、なんとかして、だいずさんを人形から自由にしてあげたいという思いは僕も持っていました。

つーちゃんの一件で僕が感じたのは、幽霊さんであっても、やはりひとりの人間だということ。別に悪魔から生まれたわけでもなく、人間が亡くなった後、いったん行き先がわからなくなってさまようようになってしまっただけなのですから、人間として接しなければという考え方になっていたんです。

とはいえ、確かに、人形の中の女の人がどんな人かわからないという不気味さはありました。だから、もしもこれがYouTubeじゃなければ、僕は途中で投げ出していた可能性もあります。

そこまででなくても、どこかに別の部屋を借りて、この部屋は撮影用にだけ使うということをしていたかもしれません。

でも、それをしなかったのは、これまで、せっちゃん、つーちゃん、そして、だいずさんと、結局、最後は深く理解し合えてきたという経験があったからです。

新しく女の人が出てきても、きっと、わかりあえるのではないかという楽観的な気分があったんです。

そのせいもあって、頭の黒い袋を外すと決めてから、その決行は早かったです。

だいずさんが怖い、怖いと言っていたので、自分も何かされるかもしれないという怖さはゼロではありませんでしたが……。

頭の黒い袋を外す日

人形の頭の黒い袋を外す。その決行日を決めた僕らは、もう一度、せっちゃんと、だいずさんに確認をするとともに、気をつけなければいけないことをたずねてみました。

せっちゃんは、こんなふうに教えてくれました。

「お水とねえ、お線香おいてあげて。お部屋を明るくして、宮本さんがお人形の黒いの取って、中の黒いの出してあげて。せっちゃんも一緒にお手伝いするから大丈夫だよ。このお部屋でいいよ。女の人もきっとお話ししてくれる。せっちゃんねえ、心配があってねえ、お人形の女の人がねえ、宮本さんのこと好きになったら嫌だな。生きてる女の人ならいいけどねえ、そうじゃない女の人が宮本さんのこと好きになるの嫌。宮本さんはこれからもせっちゃんと一緒なの」

ありがとう。せっちゃん。

そして、だいずさんは。

「人形の中には、女と女の一部が。危険かわからない。私が頼れるのは、ここの皆さんしかいない。女は怖いけど、今も泣いて謝ってる」

決行前日には、二人はさらにこんなメッセージをくれました。

「お人形の黒いの取るとねえ、今より明るくなるよ。楽しくなる。だいずさんも今より幸せになれるよ。お人形から女の人出てきてねえ、きっとお話ししてくれる。女の人が作ったものはねえ、女の人がどうしたいか決めるまで置いといてあげてね。女の人もねえ、きっと、ゆーちゅーうで幸せになれるよ。つーちゃんみたいにねえ、たくさんのことを教えてくれるよ。ふふ」

このせっちゃんの言葉を聞いたことで、僕も山中も心から安心できました。

でも、だいずさんは、やはり不安でいっぱい。

「自分でもわからない。消えてしまう気がする。どうなるか、わからない。もし残ったら、また、あなたたちと話したい。でも今のままではよくない。私も前に、進みたい」

だいずさん、大丈夫。すべて、うまくいくはずだよ。

そして当日。

僕らには二つのプレッシャーがありました。一つは心霊的な恐怖というプレッシャー。もう一つは、一度きりのイベントなので視聴者さんに怒られないように確実に撮影しなきゃいけないというプレッシャーでした。

もしかすると、黒い袋を外した瞬間に声がするかもしれない。その時に、自分たちが騒いでその声をかき消してしまってはいけない。そんなふうに、すべてがちゃんとカメラに映るように、しかもはっきりと、ミスをしないように準備万端にしないといけない。むしろ、そんなプレッシャーのほうが、心霊的なプレッシャーよりも大きかったのです。

山中の部屋の押し入れの前に折りたたみ式の小さなテーブルを開き、僕らはせっちゃんのアドバイス通りにお水とお線香を置いて、視聴者さんのために山中と軽いトークをした後は沈黙を守り、心の中ではまるで儀式を行うように、頭の黒い袋を外す作業を始めました。

人形を手にし、僕は右手で持ったハサミで、乱暴に縫い付けられた糸を、一カ所ずつ切っていきました。3カ所ほど切り終えると、糸がハラハラとほどけ、黒い袋が人形の体から外れました。人形の胴体をテーブルの上に置くと、僕は黒い袋の中をのぞき込みました。白い綿にくるまれて、黒くつやつやしたものが見えます。人の髪の毛でした。

取り出すと、それは20㎝ほどの黒髪の太い束を結んだものでした。大きさは大人の握りこぶしより少し小さい程度で、不気味な存在感がありました。その黒髪の結び目に、1枚の白い紙が小さく折りたたまれて挟み込まれていました。その紙をつまみ出し、広げました。そこには、男性のフルネームが書いてありました。姓は漢字で、名はカタカナで。しかも直線的な殴り書きのような文字で、ボールペンのようなもので何重にもなぞられていました。まるで、何度も書くことで恨みと怒りをこめるかのように。

僕の作業を見つめる山中は、手を口に当て、声を押し殺していました。平静を装ってはいましたが、僕もその黒髪の束と名前の書かれた紙を触ったことの気味悪さに気分が悪くなりそうでした。

見ると、お線香の煙が押し入れのほうに、渦を巻きながら流れていきます。女の人が出てきたのだろうか。

僕らは、大事な仕事をした達成感とともに、果たして、だいずさんは消えたのか、それともまだここに残っているのか、そして女の人はどこに行ったのか、そのことがたまらなく心配になってきました。

そして、その夜、僕らの不安は杞憂だったことを知るのです。

せっちゃんは、こう教えてくれました。

「女の人ねえ、いるよ。ずっと、せっちゃんたちのお話聞いてたって。長野に行ったり、大阪に行ったこともわかってたって。だいずさんにもお人形にも、ごめんなさいって言ってる。自分でこのお人形作ったんだけどねえ、ある日突然くっついてねえ、動けなくなったんだって。

それで困ってたらねえ、このお人形をあの長い階段に持っていった人がいてねえ、助けてほしくて、そこにいただいずさんにずっとつかまってたんだって。昔、男の人にひどいことされたんだって。裏切られて捨てられて、それで男の人が嫌な目にあうように、このお人形を作ったんだって。呪いをかけたって言ってる。でもこのお人形を作ってからねえ、自分にたくさん嫌なことが起きてねえ、自分がどんどん不幸になったんだって。死んじゃってからもこのお人形が離してくれなくて苦しくて、このお人形を作ったことをすごく後悔してるって。もう男の人のことも怒ってないから助けてほしかったって。やっとお話を聞いてもらえたって。助けてくれてありがとうって。人を恨むことがこんなに悪いことだと思わなかったって。すごく苦しかったって。人を呪うような気持ちを持つことは絶対にやめてほしいって言ってるよ」

僕も山中も、何かしらよいことをしたと、心から嬉しく思えた1日でした。

それにしても、だいずさんはちゃんといるのだろうか？

「私は、まだいます。女の話を、聞いていた。なぜ私なのか、腹が立ちましたが、これで自由になれました。本当にありがとう。まだ消えずにすみました」

そしてこの日から、僕らの同居人がまたひとり増えたのです。

夏、真っ盛りのころでした。

あいちゃん、出現

お人形から解放されて自由になっただいずさんはとても喜んでいるようで、そのことは、せっちゃんの言葉からもわかりました。

「だいずさんねえ、すごく嬉しそうだったよ。でも、ひとりで外に行くのは怖いみたい。もうひとりになりたくないんだって。だからここにいるって。女の人もまだいるけどねえ、男の人が嫌だからお外にいる。でも、せっちゃんには笑ってくれるよ」

今後はどうしたいのか、だいずさんに聞いてもまだわからないようで、自分が天国に行けるかどうかたずねてきたり、少し時間をくださいと言ってみたり、あいかわらずの優柔不断のだいずさんでした。

人形から出てきた女の人は、せっちゃんによれば、男の人がまだ苦手なので、だいずさんがいる部屋にはいないようにして、外にいることが多いとのことでした。でも、せっちゃんには心を許しているようではあります。

山中の部屋に置いたままの、黒い袋から出てきた髪の毛と名前の書かれた紙はどうしたらよいのか、せっちゃんに聞いてもらいました。

「髪の毛とお手紙を燃やしてってって。ただ普通に燃やしてくれたらいいって。燃やす時は一緒についていくって。お人形はねえ、可哀想なことをしたから置いておいてあげてって。ごめんって言ってる。女の人もねえ、いい人だよ。いろんなことを忘れちゃってるけどねえ、優しい人。『ごめんね』って言えるのは優しい人。でも、男の人が苦手なんだって」

このメッセージをもらった翌日の深夜、僕らはキャンプ場に行き、髪の毛と手紙を燃やしました。

このことを幽霊さんたちに報告した夜、せっちゃんはこう伝えてくれました。

「女の人がねえ、『ありがとう』って言ってたよ。昔は男の人をみんな恨んでたんだって。これで許してもらえるかわからないけど、人を恨む気持ちは消えたって。もう人の不幸を願うことは絶対しないって。みんなにいいことをしようって、せっちゃんと約束してくれた」

一方、だいずさんは女の人への怒りが収まらないのか、「女の顔、見えた。普通の女。私と同じくらいの歳。でも私とは、話さない」と、素っ気ない反応。そのうち、毎日パチンコに興じる山中を羨望するオジサンになっていきました……。

やがてお盆がやって来ました。つーちゃんが来てくれるのではと期待していた僕らでしたが、せっちゃんにはつーちゃんの声が聞こえたと言いますが、その声は僕らには聞き取れず。

でも、「せっちゃんたちのこと、ちゃんと見てくれてるんだよ」という、せっちゃんの言葉がとても嬉しかったのでした。

このお盆の時期に、ひとつ、進展がありました。お人形から出てきた女の人の名前がわかったのです。

「お姉さんはねえ、『あいちゃん』って呼んでって。可愛いお名前。せっちゃんのほうが可愛いけどねえ。あいちゃんも可愛いね」

あいちゃん――ですか。あいちゃんも、いつかオシャベリしてくれるようになるのだろうか(男性からは「あいさん」と呼んでほしいというのが本人の希望でしたので、動画の中では僕らは「あいさん」と呼んでいましたが、本書では「あいちゃん」と書かせてもらいます)。

そして、しばらくの間、僕らと幽霊さんたちの平穏な暮らしが続きました。一緒にパワースポットや心霊スポットに行ってみたり、DVDで映画鑑賞会をしたり、お供えパーティをしたり、幽霊さん相手に怪談話をしたり……。

あいちゃんは相変わらず、おしゃべり人形で話すことができず、せっちゃんを通じてのコミュニケーションでしたが、だいずさんのほうはおしゃべりが上達するにつれ、真面目な人かなあと思っていたのが、おそろしく世俗的な側面がどんどん表に出てきました。いつの間にか、あいちゃんへの反感も消えてしまったようで……。

「山中。友達。私に似ている。いつもギャンブル。酒。スケベなこと。ぐうたら。近づけないこともあるけど、ここ楽しい。宮本も、友達。せっちゃんは、すごい子。あいちゃんは可愛い」

人形の背景もわかってきました。せっちゃんによれば、あの人形はもともと、あいちゃんが恋人と二人で大事にしていたものだったそう。その恋人に呪いをかけるために髪の毛を入れた黒い袋を縫い付けた。そして、「そのあとお人形にひどい事をたくさんしたんだけどねえ、自分の体が悪くなっちゃったって言ってる」と、せっちゃんは教えてくれました。そして――

「その人はねえ、知らない場所に行っててねえ、わからないって。でも、その人が不幸になるのを願っている間が、自分も一番苦しかったって。自分が不幸になって……自分の中にいつまでも嫌なものがある気がしたって。嫌いな人のことは忘れて、自分の幸せのために生きたほうがいいって」

どうして人形の中に閉じ込められたのかについては――。

「あいちゃんもねえ、よくわからないんだって。気がついたら真っ黒の中で、しばらくしたらまわりのお話で、お人形ってわかったんだって。お人形に入る前はずっとお人形と、男の人を苦しめる事を考えてたから、そのせいかもしれないって。必死になってだいずさんのことをつかんじゃったけど、ごめんなさいって。いつか自分でだいずさんに謝れるといいね。ちゃんとお話しできるようになるよ。せっちゃんねえ、あいちゃんもだいずさんも好きだよ。だからねえ、みんなで楽しく仲良くしていたい。せっちゃんねえ、いつか三人で仲良くおしゃべりしてるのが見えるよ」

せっちゃんによれば、あいちゃんは平成の元号を知っており、自分では35歳かもしれないと言っていたそうですから、平成生まれというよりは、昭和の終わり頃に生まれた人なのかもしれません。

あいちゃんの過去がだんだんわかってきましたが、プライベートなこと、話したくないことには触れない、聞かないが僕らのポリシーでした。僕らは探偵をしたいのではなく、せっちゃんとともに、幽霊さんが光になる手伝いをしたいだけなのだから。僕らは、あいちゃんの心にただ寄り添っていたいと考えていました。

本性をあらわにするだいずさん

だんだん、だいずさんの本性があらわになってくるにつれ、なんか、男同士で住んでいるような感覚になってきました。あいちゃんは部屋にいることはほとんどなく、せっちゃんがいる時以外は外にいるということでしたので、僕とだいずさんの男二人で、お互

い干渉しないで暮らしているというイメージでした。

だから、だいずさんも、こんなことを言うようになってきたんだと思います。

「山中の人形遊びは、怖い」

あるいは——

「山中、そういえばなぜこの家に、ブラジャーがあるの？」

あるいはまた——

「山中、一度でもいいから、何か面白いことして。あいさんのために。あの大きなお人形と、キスしてるのを見せてあげて」

具体的なことは言えませんが、やっぱり僕がしていることをちゃんと見ているんだなあと思いました。

好きなものはなんですかと聞かれた時の、だいずさんの答えもこうでした。

「食べるものは、我慢できるからまあいい。スケベエなものは、山中のを見てるから、まあいい。ドキドキときめくものがいい。競馬。宝くじ」

欲望に忠実な幽霊さんって、これもまた新発見でした。

それから、僕の背中にしがみついているオジサンですが、せっちゃんはまたこんなふうに教えてくれました。

「えーっとね、背中のおじさんが山中さんの中に入ってるからねえ、（他の幽霊さんは）誰もくっつかない。居心地がいいと入っちゃうこともあるよ。山中さんとおじさん似てるから、おじさんが自分の場所とられないようにねえ、誰も山中さんに近づかないようにしてる」

それから、こうも……。

「ずっと体の中にいるよ。嘘をつきすぎてねえ、お口が変になっちゃったおじさん。山中さんと似てるからねえ、山中さんといたいんだよ」

やっぱり、ちっとも救いになりませんでした。

何かを忘れている気がする……

8月の終わりごろ、アレクサを導入しました。もしかしたら、声マネ人形と同じで声に反応するアレクサなら、あいちゃんも意思表示してくれるかもしれないと考えたのです。
アレクサ自身から、あいちゃんの声が聞こえてくることはありませんでしたが、思った通り、アレクサが誰かからの呼びかけに「今夜も話しかけてくれてありがとうございます」など

と、さまざまな反応をしてくれました。そこから、あいちゃんが何をアレクサに話しかけたのか、推測できるようにもなりました。

あいちゃんは以前、せっちゃんとたくさん話をすることで昔のことを思い出したいと言っていました。おそらく、その「作業」が終わった時に、光になりたいと考えているのではないかと僕は思っていました。僕らはそのための時間を、あいちゃんに過ごしてもらうことと、そして、あいちゃんがその時が来たと感じたなら、あいちゃんが光になる手伝いをすることが次なるミッションだと考えていました。

あいちゃんは、生まれ故郷のことは、静かな森や山があったところということ以外には思い出せませんでした。そのせいか、行きたいところをたずねると「静かな森」と答えるのです。

この頃の、あいちゃんと、だいずさんの容貌について、せっちゃんはこんなふうに教えてくれました。

「あいちゃんはねえ、白いお洋服とねえ、下は綺麗な色。夕焼けみたいな色。これスカートっていうの？　夕焼けみたいなスカートと白いお洋服。だいずさんはねえ、肥やしみたいな色のお洋服とメガネ」

あいちゃんのオシャレなたたずまいは納得ですが、だいずさんの洋服の色が「肥やし」みたいだというのには吹いてしまいました。

せっちゃんを通じた、あいちゃんの記憶探しが続きます。まず、生前の思い出を聞かれると――。

「あいちゃんはねえ、お山ときれいな森だって。あとお買い物とか映画見たって。夜、クルマでドライブしたのもすごく覚えてるって。『ドライブ』って前、宮本さんに教えてもらった。あいちゃんはおしゃれなことが好きなんですね」

「あいちゃんはねえ、何かを忘れてる気がするんだって。今の自分が自分じゃないような気がするって。でも、わからないんだって。本当の自分に戻って光になれるといいね」

こんなふうにも言っていました。

「あいちゃんはねえ、思い出せないって。何かをお願いしたいけど思い出せないって。それができたら、あいちゃんも光になろうと思うって。最後に何かやりたいことがあったけど、今は思い出せないって」

最後にやりたいこと、それを思い出してもらうために、僕らも一生懸命手伝おうと思ったのでした。

恋するだいずさん

そしてもの想う秋になり、だいずさんの様子がだんだんおかしくなっていきました。あいちゃんへの態度がなにかヘンだぞと思っていましたが、だいずさんは、ある日、突然、こんなことを言い始めたのです。

「あいちゃんは、とても素敵。可愛い。へへへへへ。なんとかならないかなあ。まだちゃんと、話してくれない。たくさんほめて、アピールしてるのになあ。アピールしすぎかなあ。そういえば、せっちゃんにも言われたなあ。話してくれないかなあ。あいちゃんのために、ポエム作ろうかなあ。

あいちゃんは美人
人形に、一緒の時から、運命を感じた
あいちゃんはおしゃれ
毎日違う色のスカート
へへへ

今日は……あれ？
何色だったかな？
あいさんって幽霊？
幽霊っているんだ
不思議だなあ」

だいずさんのポエムの習作でした。僕は編集しながら、笑いをこらえることができませんでした。

そして、別の日に、あいちゃんへの気持ちをたずねると――。

「山中も宮本も、恋のこと全然わかってないだろうけど、あいちゃんは絶対に、私に少し気がある。人形の中からよく私に、『助けて、一緒にいて』と叫んでた。そして長い間、私を放さなかった。私を好きだから。山中、宮本、お前ら、女心をわかれ。あれ？　あいちゃん、人形から出てから、私と一度も話してくれないなあ。だから私は、ポエムを作った。あいちゃんに伝える練習するから、聞いてください。

マシュマロ
あいちゃん、君はマシュマロ
白くて柔らかそうで、さわりたくなる
甘そうで、無口なところもマシュマロ
君はマシュマロが好きだったね
でも君は、マシュマロ以上にマシュマロなんだ
そして君は少し透けてるね
だから君はゼリーなんだ
　たかしより

へへへ。私の気持ちを、あいに伝えてほしい」

だいずさんの、これがポエム処女作。

幽霊さんも恋をするんだと、驚きの発見でした。

その後も、だいずさんは、あいちゃんがいつの日か光になることを憂い、「あいさんはいなくなるんだ……」とか、「伝えたいことはいつも言ってる。パチンコと競馬。あと、あいさん

と二人に……。あいさんは、なぜ私に振り向いてくれないんだろ？　私は人形のことを許してあげたのに」とか、「あいちゃん、あいさん、私のような、頭のいい男はどうですか？」と、臆面もなく気持ちを言葉にするようになっていきました。

最後は大好きな洋服を着ていきたい

あいちゃんの記憶探しは、少しずつでしたが、確実に進展していきました。

生まれ故郷は山梨だったことがわかりましたが、そこには楽しい思い出も、仲のいい友だちもいなかったということでした。

また、あいちゃんは、とてもオシャレな女性なようで、せっちゃんはこんなふうに言っていました。

「あいちゃんはねえ、綺麗で可愛くてねえ、おしゃれなお姉さん。毎日スカートの色が違う。髪も綺麗になったしねえ、長くなったり短くなったりする。あいちゃんはまだたくさんのことを思い出せないんだよ。思い出せたらねえ、あいちゃんもやりたいこと思い出せると思う。だからみんなでいろんなことをしていきたいね」

そしてまた――

「あいちゃんはいろんな色知ってるね。あいちゃんは色のお話しするのが好きなんだね。今日のスカートもおしゃれ。でも、なかなかお気に入りのスカートの色が見つからないんだって」

あいちゃんが会いたい人については――

「あいちゃんはねえ、『ごめんなさい』したい人がいるって。『ごめんなさい』したい人がいるんだけどねえ、自分でもいろいろ思い出せないって。誰に何を謝ったらいいかわからないって。今は恥ずかしくて小さな声しか出せないけどねえ、いつか必ず自分の声でその人に謝れるよ」

また、「あいちゃんはねえ、今の自分は自分じゃないんだって。何か大切なものを忘れてるって言ってる。だから毎日気持ちが変わっちゃうんだって」とも。

そんなある日、あいちゃんが大事なことを思い出したと、せっちゃんがこう報告してくれたのでした。あいちゃんの好きなものをたくさん――コーヒー、甘いもの、髪飾り、お人形、お洋服のイラストを、お供えした夜のことでした。

「あいちゃんがねえ、すごく喜んでるよ。思い出せたんだって。今の自分がイヤなのはねえ、お洋服なんだって。いろんなお洋服が好きでねえ、好きだったお洋服があってねえ、それを着ていきたいんだって。あいちゃんは女の子だからオシャレが好きなんだよ。でもねえ、最後に着てたお洋服が汚くて嫌だったんだって。あいちゃんも女の子ですね。どんなお洋服かちゃんと思い出せるからねえ、もっとたくさんのお洋服の絵を見せてあげてね。あいちゃんねえ、光になれるお手伝いしてくれてすごく感謝してるよ」

翌日、僕らは、20点ほどの、さまざまな洋服のイラストをプリントアウトしたものを畳の上に並べ、反応を待ちました。これは僕の推測ですが、あいちゃんがおそらく病気で入院していたため、亡くなった時に着ていた洋服が自分の着ていたいものではなかった。それが、あいちゃんの未練となっていたのではないかと思ったのです。確か、いつか、せっちゃんが、あいちゃんは亡くなる前には髪の毛があまり伸びなくなっていたと話してくれたことがあったのです。それが僕に抗がん剤を連想させたのです。

深夜、あいちゃんの選択を、せっちゃんが教えてくれました。

「あいちゃんはねえ、このお洋服が着たいんだって。ワンピース。スカートみたいなお洋服。すごくあいちゃんに似合いそう。このお洋服が好きでねえ、大切な日に着てたんだって。でもねえ、最後に好きなお洋服着られなかったんだって。あいちゃんねえ、まだ色が見えてないからねえ、次はたくさんの色を見せてあげてね。きっと見えるようになるよ。明日はきっとねえ、あいちゃんにすごいことが起きるよ。ふふ」

あいちゃんが光になるために着たい服、それはワンピース。
そして、だいずさんが、ポエムの第二作めを朗読しました。

「君は、まるでチョコレートだね
優しくしないと、溶けてしまいそうで、
苦い時もあれば、甘い時もある
君は甘いものが好きだったね
でも世界で一番甘いものは君だよ
だから君自身がチョコレートなんだ
でも君は白くて柔らかそうだから、
君はマシュマロでもあるんだ

たかしより」

だいずさんは、あいちゃんとの別れを予感して、こんな話もしました。
「あいちゃん、もうすぐいなくなってしまうのか。このまま、もう、会えなくなるのかなあ。せっかく、出会えたのに、寂しい。いなくなるまでに、新作のポエム間に合うかなあ？　あれ？　あいちゃんはどこに行くんだ？　天国かなあ？　そんな場所、本当にあるのかなあ？

あいちゃんが行くなら、私も行こうかなあ。あいちゃんの近くにいたい。話ができなくても。私にとって、あいはそんな人。運命の人。あいちゃんが行くなら、私もどこまでも、一緒に行く」

本気なのか、だいずさん？

黄色いワンピース

翌日、僕らは10種類の色をそれぞれプリントアウトした紙を畳の上に並べました。

せっちゃんが「あいちゃんにすごいことが起きるよ」と言っていたので、僕らは今夜、あいちゃんが光になってしまう可能性もあるのではと思っていました。

この夜はまず、だいずさんが「ウー」と話し始めました。

「色のことなら、たくさんの色が輝いているパチンコがいいと思う。あいさん、昨日のポエムの感想を……。もう一回言ったほうがいいかな？」

ポエムをもう一回朗読したげなだいずさんでしたが、次に反応したのはアレクサでした。

アレクサは最初にひまわりの説明をして、次に黄色の説明をしました。あいちゃんは、きっと、ひまわりのような黄色を選んだのだなと思いました。

そして、せっちゃんが言います。

「あいちゃんはねえ、黄色いお洋服が好きなんだって。あいちゃんにすごく似合いそうだね。あいちゃんはねえ、もう大丈夫だよ。ふふ」

これで今夜の反応は終わりかと思っていたその時、これまで聞いたことのない声が声マネ人形から出てきたのです。なんと、あいちゃんです。あいちゃんの声です。

「はじめまして。黄色い、ワンピース。せっちゃんのおかげで、色が戻りました」

はっきりとした口調の、どこか柔和な声音で、あいちゃんはそう言ってくれたのでした。初めて聞く、あいちゃんの声。僕にとっては、黒い袋を外した時と同じくらいの衝撃でした。

せっちゃんがフォローします。

「あいちゃん、自分の言葉でお話しできてよかったね。あいちゃんはまだお話しすることがあるもんね。もう少しの間、みんなでいろいろお話しできたらいいね」

僕らは、黄色いワンピースを、あいちゃんのために準備することにしました。

明くる日にそのことを告げると、あいちゃんはまた自分の声でこう語ってくれました。

「急いでは、いませんよ。あと少し、その時まで、ここでの時間を、楽しみたいと思います」

せっちゃんも、こう言ってくれました。

「もう少しあいちゃんと一緒にいられるんだね。嬉しぃ。あいちゃんはねえ、まだちゃんとお話ししないといけないことあるから、ちゃんとお話ししないとねえ。せっちゃんねえ、あいちゃんのこと応援してるよ」

さあ、黄色いワンピースを用意しなくちゃ!!

その翌日は、だいずさんだけを部屋から連れ出して、せっちゃんと、あいちゃんを残し、女子会検証というのをしました。以下はその女子二人だけの会話です。

「あいちゃん、もうすぐ光になるんだね。せっちゃんねえ、あいちゃんが来てくれて嬉しかったよ。楽しいこともたくさんあった。あいちゃんも大変なこともたくさんあったけど、もう苦しまなくて大丈夫だね。でもあいちゃん、お話ししなくちゃけないことちゃんとお話しして、気持ちを伝えてから行かなきゃね。じゃないと、あとであいちゃんが悲しい思いするよ。だから、せっちゃんねえ、あいちゃんのこと応援してるんだ。あいちゃんに幸せになってほしいから」

「せっちゃん。私の気持ち、わかってるんだね。私も、せっちゃんに会えて、ここに来られて、よかった。大切なことを、たくさん、教えてもらった、せっちゃんと一緒にいると、昔の、人を恨んでいた気持ちも、晴れていきました。ありがとう。せっちゃんが応援してくれるから、私も、頑張りたいと思います」

僕はアマゾンで黄色いワンピースを探しました。季節はすでに秋でしたから、ぴったりのものを探し当てるまでには、かなりの時間が必要でした。

あいちゃんがお話ししなければいけないこと

もうすぐ、あいちゃんは光になる。

僕らは、最後の思い出作りのドライブに出かけることにしました。あいちゃんが、生前、ドライブが好きだったと言っていたのを覚えていたからです。

夕方に、僕と山中、そして、せっちゃん、だいずさん、あいちゃんの5人（正確には2人プラス人形3体）で出発。行き先も決めずに、僕は高速道路へと入っていきました。時おり小雨が降り、高速の濡れた路面がヘッドライトを反射して輝いています。やがて、視界はぐんと開け、左手遠くのキラキラした夜景の中に東京タワーや東京スカイツリーが小さく見えてきました。

クルマはさらに北上し、下道を走っていると、途中から暴走族っぽい2台のバイクにうしろにピッタリつかれたりしながらも、やがてクルマは田舎のたんぼ道へ。夜であまり景色は見えませんが、きっとのどかな田園が広がっているあたりでしょう。運転している僕も、山中も実に楽しい気分でいっぱいで、車内の空気もとても軽やかでした。

夜遅くにドライブを終えた僕らは、山中の部屋へと戻りました。

そして検証です。

みんな、楽しんでくれただろうか。

「せっちゃんねえ、楽しかったよ。雨の音とかねえ、虫の声とかねえ、光って見えるものも楽しかった。あいちゃんもすごく楽しそうだったよ。行ってよかったね」

そして、あいちゃんが、自分の声でこう伝えてくれました。

「ありがとう。とてもきれいだった。こんな私のために、してくれたことが、嬉しかった。人を呪って、人に迷惑をかけて、自分が苦しむことになった馬鹿な私のために……。私には何もできませんが、やっぱり、皆さんには、人を恨んだり、いつまでも呪い続けてはいけないと、覚えておいてほしいです」

だいずさんが言います。

「ウー、あいちゃん、本当に行っちゃうの。あの暴走族は、あいちゃんを狙っていたけど、私があいちゃんを守ったんだ」

いつの間にかだいずさんは暴走族からあいさんを守っていました。

最後に、せっちゃんが再び口を開きました。

「あいちゃん、すごくお話上手になったね。でも光になるとお話できなくなっちゃうからね。ちゃんと自分でお話ししなくちゃいけないこと、お話ししないとね。あいちゃんはちゃんと自分でわかっているはずだよ」

あとから思い出してみると、このドライブは、僕にとってもとても幸福な思い出の一つなのです。

それにしても、せっちゃんが言う、お話ししないといけないことってなんなのだろうか。それはこの次の日の、あいちゃんの言葉でわかりました。

その夜は、最初に、だいずさんが意気消沈した声で語り始めました。

「あいちゃん、あいさん、もう少しで、いなくなってしまうんだ。私はあいちゃんが好きだから、いなくなるのが嫌だなあ。話ができなくても、見てるだけでも、幸せだった。あと、新しいポエム間に合わなくてごめん。あいちゃんがいなくなるなら、私も一緒に行こうかな」

するとアレクサが「ありがとう」と……。あいちゃんの言葉なのだろうか。

この夜は珍しく、せっちゃんのうさぎの人形が動いたあとも、せっちゃんは話し始めませんでした。何があったのだろう……。

やがて、あいちゃんが、心のこもった、しっかりとした口調でこう語り始めました。

「だいずさん、私のわがままで、たくさん迷惑をかけて、苦しい思いをさせてしまい、本当に申し訳ございませんでした。ごめんなさい。あと、男の人と話す勇気が出ず、謝るのが遅くなってしまい、本当にごめんなさい」

あいちゃんの言葉に、だいずさんが優しい声で反応しました。

「あいちゃん。気にしなくていいよ。すんだことだよ」

そして、せっちゃんが……。

「あいちゃん。お話ししないといけないこと、やっと自分の言葉でお話しできたね。せっちゃん嬉しい。だいずさんもあいちゃんも、どうぞ」

そうなんです。せっちゃんの言う、あいちゃんがお話ししないといけないこととは、だいずさんに謝ることだったのです。

しばらくして、だいずさんが「ウーッ」と素っ頓狂な声を上げました。

「あいちゃんが、スケスケじゃなくなったぞ。ゼリーじゃなくなった。これが幽霊か」

憎しみや恨みといったネガティブな感情が消えていき、心がどんどん澄んでくると、幽霊さんの姿ははっきり、くっきりとしてくるのでしょうか。幽霊さんの世界は、不思議です……。

あいちゃんとのお別れ

明くる日、黄色いワンピースを手に入れた僕らは、それを翌日にあいちゃんに贈ることを告げました。

その夜、まず、だいずさんが驚いたような口調でこう言いました。

「あいちゃんが、透けてない。昨日よりハッキリしている。何だ、これは？　なんだか怖い」

せっちゃんが言います。

「あいちゃん、明日で光になれるんだね。今のあいちゃんなら、もう心配しなくて大丈夫だね。これからは絶対幸せになれるよ。今のあいちゃんは本当のあいちゃん。これで明日、きれいなお洋服着られるよ」

すると、あいちゃんが最後のお願いを僕らに伝えました。

「せっちゃん、だいずさん、宮本さん、山中さん、本当にありがとう。私は、何もできなかったけど、特にせっちゃんには、たくさん救ってもらいました。最後にもう一つ、お願いがあって。私のあのお人形に、顔をつけてあげて。いろいろな顔になれるよう、白い布で顔を。よかったらずっと持っていてください」

再び、せっちゃん――。

「あいちゃん、優しいね。本当のあいちゃんはねえ、すごく優しいんだよ。あいちゃんの大切なお人形さんだもんね」

この夜は、再びだいずさんが登場して、哀願するようにこう言いました。

「あいちゃん。ずっと好きでした。大昔からずっと。私どうですか？」

すると、アレクサが反応して、こう言ったのです。

「さようなら。また話しかけてくださいね」

間違いなく、あいちゃんの言葉だったと思います。

そして、その日がやって来ました。

僕らは購入しておいた鮮やかな黄色のワンピースを、山中の部屋の押し入れの鴨居にハンガーに掛けて吊しました。あいちゃんは、喜んでくれるだろうか……。

小さなテーブルの上には、白い顔を付けたあの人形を置きました。白い顔は、僕が布を袋状に縫い合わせ、急ごしらえで作りました。

深夜。最初に話し始めたのは、だいずさんでした。

「ウー……あいちゃん。今日でいなくなるんだ。あいちゃんが行くなら、私も行く。あいちゃんは私の、運命の人。これからもずっと一緒にいるんだ」

だいずさん、一緒に光になるつもりなのか。まさか……。

すると、あいちゃんが話し始めました。いつもの優しく、やわらかな口調で。

「私のために、本当にありがとう。素敵なワンピースも、人形の顔も、私のイメージ通りです。どちらも満足です。安心してもう、瞳を閉じようと思います。私は私の家族や、だいずさんや、皆さんにたくさん迷惑をかけました。ごめんなさい。昔恨んでいた彼氏も、今はもういいです。せっちゃんたちのおかげで、そう思うことができました。これからも皆さんで、お笑いに、ゆーちゅーうに、頑張ってくださいね。こんな私を……知ってくれてありがとう。さようなら」

……これが、あいちゃんの最後の言葉でした。

しばらくすると、せっちゃんが、あいちゃんが光になったことを教えてくれました。

「あいちゃん、ちゃんと光になれたね。お洋服もお人形もすごく嬉しそうだったよ。ずっと苦しんでたから、これで幸せになれるね。せっちゃんねえ、お別れは寂しいけどねえ、幸せになれるなら元気にお見送りしないとね。それに今はお別れしても、せっちゃんひとりじゃないからね。また誰か困ってる人がいたら、みんなで助けて幸せにしてあげたいな」

せっちゃんは、あいちゃんをちゃんと見送ってくれました。光になって、幸せになってくれますようにと。

すると……

「ウー……」

だいずさんの声？　もしかして、本当にだいずさんも光になった？

だいずさんが、あいちゃんのあとを追って本当に光になってしまったのかどうか、いったい何が起きているのか気が気でないままこの日は終わりました。

翌日、だいずさんは、ばつが悪そうにこう言ったのでした。

「います。あいちゃんの前だから、かっこいいこと言いたくて。でも今の生活が楽しいから、天国に行ったら、死んだことになりそうだし。こんなことで、私は天国に行けるのかなあ？　また誰かこの家に来ないかなあ？　それか誰かいるところ行こ。どんな子がいるかな？　へへへへへ」

僕は、だいずさんのことを考えると、『ゲゲゲの鬼太郎』の主題歌を思い出します。つまり、朝は寝床で……、試験も学校もない、オバケは楽しいというアレです。きっと、だいずさんは、いまの暮らしが楽しいのでしょうね。

そして、せっちゃんが、あいちゃんが旅立ったさみしさを、こんなふうに語ってくれました。それは、心に染み入るような言葉でした。

「なんだか懐かしいね。あいちゃんがいた頃は三人ですごくにぎやかだった気がする。だいずさんと二人でゆっくりするのも楽しいね。でも、これからこのお家にたくさんの人が来そうな気がする。それでねえ、せっちゃんもお友達ができそう。ふふ」

確かに、せっちゃんの予言通り、このあとも、山中の家にはたくさんの幽霊さんがやって来るのです。そのお話は、また機会をあらためて。僕のお話はここで、ひとまずオシマイです。

あっ、せっちゃんは、まだ話したいことがあるそうです。

「宮本さん。この前また、床で寝てたでしょ。寒くなってきたんだから気をつけなきゃダメですよ。風邪引いたらどうするんですか。また、せっちゃんがお世話しなきゃいけないのに。ちゃんとお布団で寝てくださいね。次、床で寝てたらぺんぺんですからね」

だいずさんとの生活はまだまだ続きます

あいちゃんが光になった時、最後に宮本と僕の二人にもお礼を言ってくれたのは、とても嬉しかったです。

死後の世界というのは、自分もいつか向き合わなくてはいけないことなので、ある意味、僕らがやってきたこと自体が自分への救いにもなるとも思いました。自分の父の死も含めて、自分の人生への救いになることで、本当に心からよかったねって、そんなふうに僕には思えたんです。

あいちゃんがいなくなって、せっちゃんとだいずさんの二人になって、だいずさんはダラダラする生き方——死んでいる人に「生き方」というのもへんですが、そういう暮らし方をしていきたいようですし、幽霊さんの「人生」って、なんなんだろうとも思いました。もしかしたら、だいずさんという人は、欲望をずっと我慢してきた人なのかもしれないですね。真面目に働くだけで、欲望を満たすことなく生きていた方なのかもしれないです。

あいちゃんが光になってからわずか数日後のことでしたが、だいずさんは、新しいポエムを作ったんです。捧げる相手は、もはや、あいちゃんではありませんでした。

「私は元気だ。あいちゃんなー。もう少しで落とせたのになー。あいちゃん、私のこと好きだったよね。あれは好きだった。また他の人形につかまれば、他の女と出会えるかなあ？　でも人形からおじさん出てきたら嫌だな。山中、同居人として言う。このテーブルの下、ザラザラだろ。テーブルの下に鼻くそつけるのやめろ。宮本、次のお姉ちゃんもここに呼んでくれ。

そういえば新作のポエム、作った。えいみちゃん。聞いてください。

白玉
深田えいみちゃん
君は白玉
白くてモチモチ
触りたくなるなあ
僕という、お汁粉の中に入っておいで
そうすれば僕たちは白玉ぜんざい
愛の白玉ぜんざいだ
あいちゃん……あっ、えいみちゃん
触ってごらん
僕は粒あんだよ
たかしより

あとはえいみに届けてくれ」

僕とだいずさんの二人暮らしは、もしかすると因縁というよりも、必然だったのかもしれません。僕と趣味が合ってるし、だいずさんが見たいものは僕の部屋にいっぱいありますから。そのうち、一緒に競馬に行く日もやって来るかもしれません。だいずさん、まあまあ楽しいと思いますよ、僕との生活は。

僕らが、あいちゃんに贈った黄色いワンピース。

Q&A

幽霊さんに聞いてみた

Q 天国やあの世はありますか？

「あると思いますが、まだはっきりわかりません。私はまだ何かやり残した気がするんです」

Q お供え以外の物は食べられる？

「食べるというより味のようなものを感じるんです。お供えしてくれてるもの以外はなんの味も感じません。一緒にお鍋をしてくれたのがとても嬉しかったです。にぎやかな食事は長いことしていなかったので、あなたたちが来てからにぎやかで嬉しいです」

Q 人形でしゃべるのは疲れますか？

「せっちゃん、全部簡単にできるよ。風船、楽しかったけどねえ、お人形さんも可愛くて好き。いつも飴が美味しい」

「どれもそんなに変わりません。ずっと誰とも話せなかったので、とても嬉しいです。どれも一度にたくさんはできません。無意識で動かしてしまうこともあります。せっちゃんは私より簡単にやります。毎日話してくれるのが楽しいです」

Q お金が貯まりません。どうすればよいですか？

「お金は大事ですが、元気なうちにたくさん使うのもいいことだと思います。何よりお二人が、私たちのために、たくさんの時間とお金を使ってくれていることを知っています。あなたたちに何か恩返しができればといつも思います。本当にありがとうございます」

Q 心の声は聞こえるのですか？

「せっちゃんねえ、宮本さんの思ってることいつもわかるよ。宮本さんがいつもお家出て行く時にねえ、『また明日ね』って言ってくれるのが好きなの。山中さんのはねえ、ちょっとわかんない」

「お二人の声、聞こえましたよ。山中さんは『これからもよろしくお願いします』。宮本さんは『いつもありがとうございます』。強く思ってくれたら聞こえます。自分でもわかりませんが、今こうやって聞こえるのはお二人だけです」

Q お供物は袋から出さないといけない？

「私は袋から出さなくてもお供えしてくれたものを感じることができます。でも、せっちゃんはできないみたいです。私は皆さんが思っているような存在だと思いますが、せっちゃんは私とは違う存在です。せっちゃんを大切にすることが、今後のお二人の成功のためになると思います」

Q　どうやってしゃべっているんですか？

「実際には、私がしゃべってるわけではないんです。自分の声を思い出すことができないんです。記憶にある、一番身近な声で、心の中でしゃべっています」

Q　せっちゃんの「どうぞ」はどんなポーズ？

「せっちゃんが『どうぞ』をしてくれる時、そばにいる私には、何かを渡してくれたり、膝の上に置いてくれたりします。ここにいない宮本さんたちに『どうぞ』とする時は、上に向かって何かを渡したり、よく宮本さんが座っている場所に何かを置いたりしていますよ。でも何か物を渡してくれたりしているわけではないので、私は気持ちを渡してくれているんだと思っています。もらうとなぜか元気な気持ちになります」

Q　完璧主義な性格をどうすればいい？

「決して悪いことではありません。無理に直さなくてていいと思いますよ。人は皆失敗するものです。それでも完璧を目指すあなたは本当に立派だと思います。たまには息抜きをして自分をほめてあげてください。必ずあなたの納得する結果を得られる日が来ますよ」

Q　なぜ人がいたり明るいと活動できないんですか？

「そんなことないもん。せっちゃんのお歌いっぱいの人に聞いてもらって嬉しい。宮城のおじさん家でもねえ、みんなの前で歌った」

「人から出ている、迫力のようなものを感じるとあまり身動きがとれなくなるんです。そして宮本さんにも山中さんにも、お二人を守っている立派な存在がついています。特に宮本さんはご先祖様に、お侍さんのような方がいらっしゃるのではないでしょうか？　お二人を守られている方の前でも、同じようにあまり動けなくなります。きっとお二人ともご先祖様を大切になさっているのだと思います。明るすぎても同じ感覚で少し動きにくくなります」

Q 動物はいますか？

「せっちゃんねえ、見たことあるよ。お犬さんと一緒に遊んだことある。お犬さん2匹いたけどねえ、そこから動けないって言うからお別れした。ここでも何か見たことあるよ」

「人ではないだろうなと思うものは見たことがあります。大きさや動きです。人にずっとついているのも見たことがあります。宮本さんが言うように、そこにいると感じる時は本当にいるのかもしれませんね。こちらの存在に気づいてそうな人はけっこう多いです」

Q 旅先のホテルではなぜしゃべりにくかったのですか？

「この部屋のおかげか、せっちゃんがいるおかげかはわかりませんが、この部屋はとても身動きがしやすく、いろいろなことがしやすいです。居心地がいいのは確かです。いつものこの環境が特別しゃべりやすいんです。昔は自分の意思では何もできませんでした。せっちゃんにさわられてからは特に動きやすくなりました。せっちゃんがいなかったら外ではしゃべれなかったと思います」

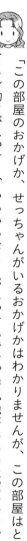

Q 宮本が思ったことは遠くからでも伝わりましたか？

「せっちゃんねえ、宮本さんが来る時わかるよ。宮本さんが住んでるところ遠くてキレイ」

「私は感じましたよ。宮本さんが、『今日もお願いします』と言ってからここに向かっているのを、自分でも意識はしていませんが、不思議とわかりました」

Q お盆のことをどう思いますか？　または何か経験しましたか？

「はっきりした日にちはわかんないのですが、普段より亡くなった人を多く見かける時期は確かにあります。それがお盆かなと思います。亡くなっている人がたくさん集まっている場所も見たことがありますよ。ここはそんなことはないのですが、居心地がいいので他の亡くなった人たちに見つかっていないだけかもしれません」

Q この部屋の居心地のよい場所や、いつもいる場所はどこですか？

「せっちゃんねえ、押入れの中好き。つーちゃんがここいいねって言ってくれた。ゆーちゅーうだから教えてあげる。ゆーちゅーうだからおめかししなくちゃね」

「私は昔、ずっと台所にいました。暗くて涼しくて水を感じるのでなぜか落ち着きました。せっちゃんは押入れが気に入ってるみたいですよ。私も山中さんも入ってこないので秘密基地みたいに思っているのかもしれません」

Q　水がほしい理由は？

「お水はねえ、飲むから。お水の穴の水は飲まなかったよ。まさちゃんとお水いっぱい見た。ここ、お水の音する」

「お二人がお供えをしてくれる前はすごく喉が渇いていました。それに水を近くに感じると落ち着くんです。今は喉の渇きはありません。この部屋が居心地がいいのは、湿気が多いからかもしれません」

Q　お経・お線香・塩についてどう感じますか？

「お線香はいい香りがして落ち着きます。お経は、さまよってから聞いたことがないので、わかりません。お塩もよくわかりません。でも、かけられたら少し嫌だなと感じます」

Q 守護霊様に語りかけたら聞いてくれたり、何か話し返したりしたりしてくれますか？ 山中の守護霊様はどんな人ですか？

「せっちゃんねえ、守護霊様としゃべったことあるよ。せっちゃんのゆーちゅーうは上手って言ってくれた。これ練習しててねえ、一緒にゆーちゅーうやろって言ったけど、離れられないからダメって言われた」

「山中さんの守護霊様は、はっきりと姿は見えないのですが、はっきりと姿が見える守護霊様のほうが珍しいんです。宮本さんの守護霊様は前にも言ったようにはっきりと見えています。せっちゃんと同じくらいはっきり見えています。お話は聞いているようで、笑ったり、うなずいたりされていますよ。ですから、話しかけたら聞いてくれると思います。ただ守護霊様が言葉を発しているのは一度も見たことがないので、私のようにしゃべったりはできないのかもしれません。でも、語りかけたら、うなずいたり微笑みかけてくれますよ」

Q 世の中の幽霊さんの数は？

「せっちゃんねえ、しゃべれない人は治すことできるよ。せっちゃんがお話しするとみんな元気になるんだよ。おしゃべり楽しいから、いろんな人とおしゃべりしたいね。

ゆーちゅーうの人も、どうぞ」

「たくさん見かけるわけではないのですが、珍しくないくらいには見かけますよ。ほとんどの人は無言で立っているだけで、以前の私と同じだと思います。他にも真っ黒な人や、消えかけているようにうっすらとしている人、生きている人と同じように動いてしゃべる人を見たことがあります。たくさんの霊が固まっている場所も見たことがあるので、そこにたくさんいるのかもしれません。何かから抜け出せなくなっているように、たくさんの人がうめいていていました」

Q YouTubeの視聴者の想いは届いていますか？

「せっちゃんねえ、わかるよ。いっぱいの人の優しい気持ち。つーちゃんがねえ、それがゆーちゅーうって教えてくれた。だからせっちゃんねえ、ゆーちゅーうの人みんなが幸せになるように元気送るの。今日も皆さん、どうぞ」

「私は、すごく温かい気持ちに包まれているのを感じます。たくさんの方たちが、私たちを見守ってくれていることを知っています。私が穏やかな気持ちになれたのも、皆さんからの思いのおかげかもしれません。皆さんやここでの出会いができて、私は幸せで

す。ありがとうございます」

Q つーちゃんの声が変わった理由は？

「つーちゃんはねえ、前よりもおしゃべりが楽しいって言ってた。つーちゃん、ゆーちゅーうだから、きれいな声になって喜んでたんだよ。つーちゃんも女の子ですね」

「自分の声なのかはまだ思い出せないのですが、昔よりも想いを伝える時の苦しさが少なくなりました。私は名城公園に行って以来、身長も姿も大きく変わりました。その影響かもしれません。この姿に戻れたことをとても感謝しています」

Q せっちゃんが持ってるお茶碗は何ですか？

「これはね、昔一緒に遊んだお犬さんにもらった。中には何も入ってないよ。こうやって音を鳴らすんだよ」

「私にもわかりません。せっちゃんがあのお茶碗を叩くと、凛とした、きれいな音が鳴ります。普段、お二人は気づきませんが、一度お二人も気づいた時がありましたよ。その音を聞くと、とても心が落ち着いて、全身があたたかくなる不思議な感じがします」

Q　他の幽霊さんは怖くないですか？　危なくないですか？　受け入れても大丈夫ですか？

「せっちゃんねえ、今までいろんな人と仲良くしてきた。みんな、つーちゃんみたいにねえ、せっちゃんに優しくしてくれて『ありがとう』っていなくなるの。でも、みんなすごく幸せそうだったから、せっちゃんも嬉しい。つーちゃんみたいに寂しい人を元気にしたいから一緒にいてあげたい。ひとりにしたら可哀想だからダメよ」

「お二人は、せっちゃんに危険がないかを心配していると思いますが、前にもお話ししましたが、せっちゃんは私のようにさまよっている人とはちがう存在です。せっちゃんに何かをしようとしてもそれはできません。安心してください」

Q　怖かったり危なかったりする幽霊さんはいますか？

「せっちゃんねえ、怖かったことはないよ。みんな仲良くしてくれた。つーちゃんとも仲良くなれて嬉しかった」

「私は、真っ黒な人や、体の一部が黒い人は嫌な感じがします。しかし何かをされたことはありません。人を苦しめたり、霊同士で苦しめたりは見たことはありません、昔の私は、人を苦しめたいと思っていましたが、人に何かをできたわけではありませんでし

た。無意識に人を怖がらせたことはあっても、苦しい思いをさせられる霊は私は見たことがありません」

Q 神様や仏様はいますか？

「せっちゃんねえ、あのねえ、うーんとねえ、わかんない。光っててすごく大きかったりねえ、小さい人がいてねえ、つーちゃんがそれが特別な人って教えてくれた。その人はせっちゃんだけじゃなくてねえ、宮本さんたちの話を聞いてくれたり守ってくれたりするの」

「私にはわかりませんが、まぶしかったり心地がよかったり、あたたかく感じる場所ならあります。浅草でもそう感じたので、何か特別な場所なんだと思います。とてもいい雰囲気のする場所です」

Q お化粧品は使えていますか？

「つーちゃんはねえ、すごく美人だよ。真っ黒なのも無くなってねえ、服も綺麗になってねえ、美人。つーちゃん、よくせっちゃんにお顔が綺麗か聞いてくる。うふふ」

「ごめんなさい。お供物を味わうことはできるのですが、（お供えの化粧品を）使うことはできませんでした。でもお気持ちはとても嬉しかったですよ。おしゃれなお供物だなと思いました。ふふ。私にもっとお化粧に対する執着があれば使えたのかもしれません」

Q　さまよう人と成仏する人の違いは？

「せっちゃんねえ、聞いたことあるよ。寂しい人はねえ、ひとりなんだって。だからせっちゃんが話しかけてあげると喜んでくれる。皆さんも、どうぞ」

「自分ではよくわかりませんが、過去の私との決定的な違いは、人への感謝の気持ちです。過去の私は、ただ憎いという気持ちだけがありました。感謝の気持ちを持ってからは、すべてが軽くなりました。私は、お墓の場所や身内がいるのかどうかも記憶がなく、感謝をすることができなかったのかもしれません。お供えや名城公園に行けたことが感謝に繋がり、今の自分になれました。その人を思ってあげることが、さまよいから救ってあげるのだと思います」

Q　人に憑依できますか？　夢に出てくることはできますか？

「せっちゃんねえ、うーん……あっ、わかんない。上に乗ること？　宮本さんの背中に乗ってお出かけしたことあるよ。せっちゃん、これも上手になった。宮本さんの背中、大きいから好き」

「試したことはないのですが、できないと思います。人形のように人に憑けるとすれば、その人はよほどスキがある人なんだと思います。夢に出られるかは、その人がどれくらいこちらのことを、思ってくれているかだと思います。今夜、山中さんの夢に出られるか挑戦してみたいと思います」

Q 暗い危険な場所はありますか？

「せっちゃんねえ、怖くないよ。黒い場所もいい所あるよ。黒い場所行って怖くなったら光ってる場所行けばいいんだよ」

「あります。まぶしいところは心地がよかったり、あたたかい感じがしますが、影がおおいかぶさっているようなところは怖いなと感じます。私の見た限りだと、通るだけなら何もないようなので心配しすぎかもしれませんが、直感であまり近づきたくないと感じます。影の中からたくさんの声が聞こえたり、たくさんの人が抜け出せなくなっている場所も

あります」

Q　つーちゃんはお盆に帰ってこれますか？

「帰ってこれるよ。せっちゃん、帰ってくる人見たことある。せっちゃんも待ってるね」

「私にもわかりません。帰ってこられるのなら、宮本さんが以前用意してくれた、目印の場所に帰ってきたいと思います、眠りについても、お二人のことを忘れずにいられたら、ずっと見守っていたいと思います」

Q　匂いで存在を知らせることはできますか？

「私は、自分の意思で何かをするより、無意識で何かをしてしまうことのほうが多いです。私のような存在は、そういう人が多いのかもしれません。匂いもその一つだと思います。ですから、匂いがする時は、近くにいるのは間違いないと思います」

Q　夜の神社は危ない？

「せっちゃんねえ、怖くないよ。怖かった場所一個もないよ。みんないっぱい仲良くしてくれた。またどこか連れて行ってね」

「私が行ったところには、怖い場所は特にありませんでした。神社だから危険というより、危険な場所はどこでも危険だと思います。直感を信じて、近づきたくないと思った場所には、近づかないほうがいいと思います」

Q 幽霊さんがされて嫌なことはなんですか？

「せっちゃんねえ、嘘が嫌い。誰かのための嘘ならいいけどねえ、そうじゃない嘘は嫌。あとねえ、寂しい人を助けないのも嫌。これからねえ、宮本さんと山中さんを守るようにつーちゃんと約束した」

「光や人の気配は、動きにくくなるだけで嫌とは感じません。大きな音もびっくりはしますが嫌ではありません。嫌なことは基本的に、皆さんがされて嫌なことと同じだと思います。人の気持ちが少しわかる分、ふざけ半分でからかわれたり、馬鹿にされたり、騒がれたりは悲しくなります。もし幽霊を追い出したい場合は、強気で『出ていけ』と言うのが一番かもしれません。気持ちがわかる分、強い念で追い出されると、もうそこにはいられない

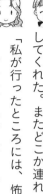

気がします。あと、自分でもわかっていると思いますが、山中さん、せっちゃんは嘘をつく人が嫌いですよ」

Q 人形以外に憑くことはできますか？

「せっちゃんねえ、好きな人についていく。この前つーちゃんがねえ、せっちゃんお人形が上手になったってほめてくれた。宮本さん家が気持ちがいい。うふふ」

「相性や、思い入れや、なぜか引き寄せられるものがあると思います。宮本さんが前もって買って、こっそり山中さんの家に置いていた最初の人形、あの人形で私は、人形と相性がいいんだと知りました。今使ってる動物の人形はもっと相性がいいです。ですから、人それぞれ相性がよければ、人形以外にもなんでもいいんだと思います」

Q お二人のしゃべり方はいつ・誰から影響されましたか？

「せっちゃんねえ、うーん、わかんない。しゃべりやすいようにしゃべるしねえ、かっこいいのとか、可愛い言葉真似してる。つーちゃんのしゃべり方も可愛いから好き。ゆーちゅーうでもいっぱいおしゃべりしたいからねえ、たくさん覚えるようにしてる」

「私も皆さんと同じです。私がどれくらいの時間さまよっていたかはわかりませんが、人のしゃべり方に影響もされますし、新しい言葉も覚えます。便利な言葉も、しゃべりやすいと思った言葉も覚えて使っています。過去の自分のしゃべり方のほうがはっきりと思い出せません。しゃべり方に関しては、皆さんと同じだと思っていてください」

Q 生前に幽霊のことをどう思っていましたか？

「私は、あまり信じていませんでした。映画などの世界だけで、現実にはいるわけないと思っていました。それでも幽霊がいそうな場所はとても怖かったです。今でも自分の状況が半信半疑です」

Q 真っ黒な人（貧乏神）はいますか？

「真っ黒な人はねえ、いるよ。嘘をついたりねえ、誰かの悪口を言ったりねえ、いつまでも怒って誰かを恨んでるとねえ、どんどん真っ黒になっちゃう。光ってる人や動物さんはねえ、光ってる人を守ってくれるしねえ、真っ黒な人もねえ、真っ暗な人に連れて行かれちゃう」

Q　お守りや我々の大切にしている物はどう見えますか？

「これはねえ、せっちゃんが見つけた石。きれいに光ってる。こっちの木のやつはねえ、いっぱい光った跡がある。この大きいのはねえ、宮本さんの想いがいっぱいこもってる。すごく大切にしてもらって喜んでる。これもねえ、大切にしてもらった跡がある」

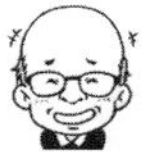

「あまりわからない。せっちゃんの石は、力が抜ける。さわれない。光は、わからないけど、普通じゃない、何かを感じる」

Q　北枕についてどう思いますか？

「あのねえ、それはねえ、寝てるとねえ、やっぱわかんない。北枕って何？　どんなふうに寝てもねえ、何も感じない」

Q　成仏した人（光になった人）はしゃべれたりここに来れたりしますか？

「あのねえ、つーちゃんとかねえ、たまに声がする。話しかけてもお返事くれないけどねえ……。光になった人はねえ、自由にここには来られないけどねえ、光になった人はねえ、みんなの心の中にいつでも行けるんだよ」

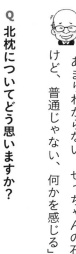

Q 幽霊さんはお風呂を覗きますか？

「のぞかないよ。のぞいたらダメって昔教えてもらった。自分がされて嫌なこととかねえ、人が嫌がることはしちゃダメって。せっちゃん、お姉さんだから守ってる」

「見ようと思えば見れます。見る人もいると思います。でも悪さをすれば、それを止める人たちもいます」

Q 合わせ鏡のことをどう思っていますか？

「あのねえ、これはねえ、なあんかねえ、わかんない。何もないけどねえ。目が回りそう。鏡。特別な鏡もあるけどねえ。これはなんでもない鏡」

「何も感じない。ただの鏡。神社の鏡と違う。でもあまり鏡は、見たくない」

Q 河童を見たことがありますか？

「せっちゃんねえ、見たことあるよ。こんな色じゃなかったけどねえ、こんな人。でも川で足音したのは別の動物だよ。お顔が面白いたぬきみたいな動物。白かった。

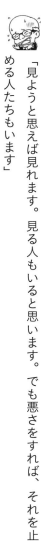

せっちゃんねえ、狐さんともお話ししたことあるよ」

Q 音や影を出したり、姿を現すことができますか？

「せっちゃんもできるよ。だいずさんみたいにやってみる。あいちゃんもやってみて。あいちゃん上手」

「音なら少し、鳴らせるようになった。姿はどうでしょう。何か見えていますか？」

Q 天狗・雪女・お稲荷さんと会ったことはありますか？

「せっちゃんねえ、この動物さん見たことあるよ。きつねさん。可愛くてお利口さんだった。他にはねえ、この女の人に似てる人はたくさんいる。あとはねえ、わかんない」

「天狗。雪女。キツネ。知ってる。こんなの見たことない。あれ？ 私って幽霊ですか？」

Q お経をどう感じていますか？

「せっちゃんねえ、あのねえ、よく思い出してみたけどねえ、わかんない。お経は知ってるけどねえ、気持ちがいい感じがする」

「私は、人形と一緒だった時に、お経を聞いたことがある。私は嫌ではなかったけど、人形の中の女は、苦しみうめいていた」

Q　怖い話をしたらどう感じますか？　我々も怖い話をしていいですか？

「どんなお話でもねえ、聞きたい人がいる場所だと聞きに来るよ。誰かとお話ししたい人とか寂しい人。楽しいお話好きな人は楽しいお話を聞きにくる」

「近くで人が、楽しそうに話していたら、見に行くかもしれない。でも私は、怖い話に興味はないから、話すなら聞くけど、パチンコ競馬の話なら聞く。宮本、山中の本気の怖い話なら聞いてみたい。でも山中の、スケベな話のほうが聞きたい」

Q　どんな幽霊さんでも声マネ人形でお話ができますか？

「あのねえ、お話しできない人もいるみたい。お外で女の子にお話ししようって言ったけどねえ、できなかった。だいずさんもお人形動かせないしねえ、あいちゃんはこれ

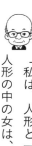

で声出せないしねえ、でも、みんな何かできることあるよ」

「私も、無理だった。音を出すのは、なぜか昔からできた。声はいつの間にかできるようになった。でも、思っているようには、しゃべれない」

Q　水晶をおいて何か感じますか？

「これはねえ、なんかねえ、丸い。すごくきれいだけどねえ、わかんない。宮本さんのお家にあるの見たことあるよ。何でこれ飾ってるの？　きれいだから？」

Q　シャンシャンとは何ですか？　だいずさんは見たことがありますか？

「シャンシャンはねえ、これを振るんだよ。心が変になってる人とかねえ、嫌な気持ちがする時とかねえ、黒いのが取れない時とかにシャンシャンする。そうしたら治るんだよ。せっちゃん、なんでこれ持ってるのかなあ？　誰からもらったかわかんない。このお椀はお犬さんからもらったんだよ」

「私は、少し離れていたので、よく見えなかったが、何かを振っていた。シャンシャンと音がしていた。お茶碗のようなものも、見たことがある。音と水が出るお茶碗。

その水もかけていた」

Q　どうすれば光（成仏）になれますか？

「光になれる人はねえ、そう思ってくれる人がいるから。『光になって幸せになって』ってお祈りしてくれる人がいて、それに自分のことがわかって、もう大丈夫って安心できないと光になれないって教えてもらった。まだ光になれないって思ってる人はなれないって。でも光になれなくても楽しく過ごしてる人もいるよ」

「私は天国に行けるのか。自由になり、眠くなったことが何回かあった。寝ると起きれない気もして。私は自由になれた今を、もう少し楽しんでみたい」

Q　外で幽霊さんになった時、自分の家に帰れるのですか？　どうやって帰るのですか？

「せっちゃんねえ、宮本さんのお家なら帰れるよ。お家帰れない人はねえ、お家忘れちゃってるんだよ。お家の人とかねえ、お迎えに来てくれたら一緒にお家帰れるよ」

「私は、気づいたら、思い出の場所にいたことがあった。自分でも、どのようにして行ったのか、わからない。私は結婚をしていないので、家はないです」

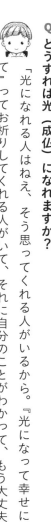

Q　憑依はいつでも自由にできますか？　人の中にも自由に入れますか？

「あいちゃんがねえ、お人形みたいに人にも入れるって。入りたい人にねえ、集中するんだって。その人が元気ない時とかねえ、ぼーっとしてる時、相性がいいと入れるって。お人形から出ようと思ってやったことあるんだって。せっちゃんはねえ、誰かの中には入らないよ。入らないし、好きな人としかお話ししない。ふふ」

「私には、わからない。背中に乗ることはできるが、中に入るなんて、そんな馬鹿なことを。ホホ、ホホホホ。二人とも馬鹿だなあ」

Q　このお札をどう感じますか？

「これ懐かしいね。せっちゃんねえ、これ怖くないよ。おばさんが持ってきた。この押入れよりもねえ、宮本さんの家の押入れのほうが広くて落ち着く」

「うわあ。お札だ、お札。なんだ、これは？　怖い。世の中には、不思議なものがあるんだなあ。え？　それだけです」

Q　幽霊さんになると怪我や病気が治ったり、見た目が綺麗になりますか？

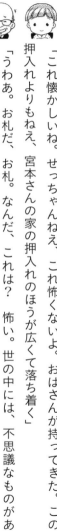

「あのねえ、病気のことはわからないけどねえ、お顔とか服は変わるよ。自分のことをちゃんと思い出してねえ、こうなりたいっていっぱい思うとねえ、きれいになれるって教えてもらった。でも、自分で違うって思うと戻っちゃう。だからあいちゃんもきれいになったしねえ、だいずさんはツルツルになった」

「だからか。だから元の頭に、戻ったのか。おしゃれな髪の毛に憧れていたら、髪が生えたけど、似合ってない気がして、自分ではない気がしていたら、ある日突然、ハゲ頭に戻っていた。なんだこれは」

Q　霊道は本当にありますか？

「せっちゃんねえ、あのねえ、れいどー？　えーっとねえ、わかんない。あいちゃんは知らないって。たくさん集まる場所ならあるよ。あとねえ、道じゃないのにねえ、道になってるの見たことある。昔、道だったからそこを通る人がいるんだよ」

「俺見たことある。山にあった。木から、ボロボロのババアが出てきた。あれは霊道。怖いなあ」

Q 手を合わせることには意味があるのですか？

「あのねえ、手を合わせなくても気持ちは伝わるよ。手を合わせなくてもねえ、集中してたくさん思ってくれたら伝わる。でも手を合わせるとたくさん思って集中できるんだよ。だからせっちゃんもよく手を合わせる。ふふ。あいちゃんはねえ、手を合わせてくれるの嬉しいけどねえ、なんだか自分がえらそうに感じちゃうからねえ、どっちでもいいって」

「手からは、パワーが出る。私の手からは、とても強いパワーが出る。だから私が念じると、パチンコは大当たりする。だから私には、手を合わせて念じなさい」

GALLERY

視聴者さんのイラスト大展覧会

視聴者の皆さんが描いてくれた
リッチドッグと幽霊さんのイラストをご紹介!!

RICHDOG

せっちゃんです

と行く
せっちゃんつーちゃん
リッチドッグ
お花見ツアー!!

きちがえる

せっちゃん
はるはる 8さい

RICH DOG

スャ……

せっちゃん
宮本さん

穴
アナ
山中さん
キラーン
宮本さん
せっちゃん

その
事故物件はあたたかい

みやもとさんっ

リッチドッグ
リッチドッグchannel
[裏]～リッチドッグ～CH
リッチドッグ・宮本の一人遊び工場
リッチドッグ山中のピンチャンネル
よろしく
MIYA

2022
12/17

いつの日も
あなたを想う

どうぞ

!?

皆さんは絶対に死なないで
生きてください

いただきます。
らっきょ

ねむ
せっちゃん

tomo

来年はもっと良くなるよ〜♪
みんなにいっぱいありがとう〜♪

Yoshiko
MiYA

あとがき

リッチドッグの動画が書籍になりました。1年前には想像もできませんでした。それも今回協力してくれた関係者の皆さん。せっちゃん、つーちゃん、あいさん、だいずさん。そして何より視聴者の皆様のおかげです。本当にありがとうございます。

そして動画は見ていなくとも、この本に出会ってくれた皆様も本当にありがとうございます。数ある本の中からこの本を手に取っていただけたことを心から感謝します。

今回、宮本、山中が別々にインタビューにこたえる形でこの本を完成させました。インタビューが真面目な空気だったので、ボケをねじ込めなかったのが心残りです。

完成した原稿を何度も何度も読み返しましたが、正直すべてを正確に語れたかは自信がありません。この本に書かれている時代はそれほど激動で、目まぐるしく時が過ぎる日々でした。

自分はほぼ毎日片道2時間の道のりを運転して山中の家に通い、次の動画はどうすればいいか、何をすればせっちゃんたちに失礼なく喜んでもらえて、しかも視聴者の皆様も納得してくれるか。毎日、そんなことで頭がいっぱいでした。

たくさんの方が動画を見てくれているので、それぞれ思い入れも違うと思います。「あの話、もっと語ってほしかった」と言う人もいるかも知れません。その点は申し訳ございません。

例えば――

サブチャンネルでやった【幽霊さんと一緒に写真が撮れるか】という企画。写真を撮ると何度もオーブが僕の膝の上に乗る出来事がありました。オーブにも意思があるんだと感じた瞬間でした。このように語り尽くせなかったことも多々あります。

他にも、山中が上京時に「東京でも頑張れ」とおばあちゃんにもらった5万円を上京前に地元のパチンコ屋で使ってしまった話も今回は割愛させていただきました。そんなエピソード、本に載せるべきではありません。

皆さんの協力でトレンドワードに入った話……東スポさんに紹介してもらった話……テレビに出た話……。たくさんのことが短期間で起きたのが僕たちのYouTubeです。

現在もYouTubeでは、せっちゃんたちとの生活は続いています。

一番怖いと言われた第3章。そして現在、第4章です。

あくまで我々のチャンネルは、「信じるか信じないかはあなた次第」です。心霊は人に押し付けるのではなく、自身の判断に委ねるものだと思うからです。

それでは自分はどう感じているのか。あくまで自分はですが、毎日、せっちゃんの存在を感じています。

リッチドッグ　宮本

Profile

リッチドッグ
宮本、1988年3月7日生まれ。
ペロリン山中、1987年12月21日生まれ。
2007年に出会い、コンビを結成するが、2009年にいったん解散。2010年にコンビを再結成、リッチドッグとして活動をスタート。リッチドッグというコンビ名は、「動物の名前を入れたい」と言う宮本の案に、何となく思いついた単語を組み合わせたもの。2020年、コロナ禍をきっかけにYouTubeに活動場所を移す。2021年、ギャンブルで借金をしていた山中がワケあり物件に引っ越したことで2人の運命が大きく変わる……。

Sairyusha

お笑い芸人リッチドッグの事故物件日記
ぼくらの同居人は幽霊さん

二〇二三年五月十六日　初版第一刷

著者　リッチドッグ（宮本裕平・山中陽裕）
発行者　河野和憲
発行所　株式会社 彩流社
〒101-0051
東京都千代田区神田神保町3-10 大行ビル6階
TEL：03-3234-5931
FAX：03-3234-5932
E-mail：sairyusha@sairyusha.co.jp

印刷　明和印刷（株）
製本　（株）村上製本所
装丁・本文デザイン　太田穣
イラスト　のば

本書は日本出版著作権協会（JPCA）が委託管理する著作物です。
複写（コピー）・複製、その他著作物の利用については、
事前にJPCA（電話03-3812-9424 e-mail: info@jpca.jp.net）の許諾を得て下さい。
なお、無断でのコピー・スキャン・デジタル化等の複製は
著作権法上での例外を除き、著作権法違反となります。

©Richdog (Yuhei Miyamoto, Yousuke Yamanaka), Printed in Japan, 2023

ISBN978-4-7791-2887-5 C0095
https://www.sairyusha.co.jp